钱穆先生著作

[新校本]

钱穆先生著作

［新校本］

墨子　惠施公孙龙

钱穆　著

九 州 出 版 社
JIUZHOUPRESS

图书在版编目（CIP）数据

墨子；惠施公孙龙 / 钱穆著. -- 北京：九州出版社，2018.11
ISBN 978-7-5108-7658-5

Ⅰ．①墨… Ⅱ．①钱… Ⅲ．①墨翟（前468-前376）
—哲学思想—研究②惠施（约前370-约前310）—哲学思想
—研究③公孙龙（前320-前250）—哲学思想—研究
Ⅳ．①B224.55②B225.35③B225.45

中国版本图书馆CIP数据核字(2018)第281668号

墨子　惠施公孙龙

作　　者	钱穆 著
出版发行	九州出版社
责任编辑	周弘博
封面设计	陆智昌
地　　址	北京市西城区阜外大街甲 35 号（100037）
发行电话	（010）68992190/3/5/6
网　　址	www.jiuzhoupress.com
电子信箱	jiuzhou@jiuzhoupress.com
印　　刷	三河市国新印装有限公司
开　　本	880 毫米×1230 毫米　32 开
印　　张	6.25
插页印张	0.25
字　　数	132 千字
版　　次	2019 年 3 月第 1 版
印　　次	2019 年 3 月第 1 次印刷
书　　号	ISBN 978-7-5108-7658-5
定　　价	39.00 元

钱穆先生与夫人钱胡美琦女士

繁弦哀管盛沐傳清廟遺
音久絕絃欲識遙遙千古
意莫將新語勘陳編

钱穆先生书法

新校本说明

钱穆先生著作简体新校本，经钱胡美琦女士授权出版，以钱宾四先生全集编辑委员会所编《钱宾四先生全集》繁体版为本，进行重排新校，订正其中体例、格式、标号、文字等方面存在的疏误，内容保持《全集》版本原貌。

《墨子》成书于一九二九年，由上海商务印书馆于一九三一年出版，收入商务《百科小丛书》中，《全集》即以此为底本重加整理。

《惠施公孙龙》由上海商务印书馆于一九三九年八月印行，收入商务《百科小丛书》中。其中《惠施历物》《惠学钩沉》《公孙龙子新解》《公孙龙七说》《辨者言》《名墨訾应辨》六篇曾经先生修订，辑入一九七七年出版之《中国学术思想史论丛》第二册，整编《全集》时，此六篇据《论丛》所已经修订者为本，其余仍依商务版原本。

九州出版社

墨子

目 录

序 / 1

第一章　墨子传略 / 1

一　墨子的姓名 / 1

二　墨子的国籍 / 7

三　墨子的生卒年代 / 8

第二章　墨子书的内容 / 13

第三章　墨学述要 / 25

一　初期的墨学 / 25

　　一　墨子学说的背景及其系统 / 25

　　二　墨子的人格 / 30

　　三　墨子的弟子 / 36

　　　　（一）墨子弟子的生活状况 / 38

（二）墨子弟子的政治活动 / 39

（三）墨子弟子的著述事业 / 42

二　墨家的钜子制度——墨学的正统派 / 46

三　南方墨学的崛起——墨子的再传弟子许行 / 49

四　中原墨派的新哲学 / 51

一　首倡万物一体论的惠施 / 51

二　创建新心理学的宋钘 / 53

五　辩者和别墨 / 57

六　墨学的衰亡 / 66

七　墨者年表 / 69

序

　　近代《墨子》的研究，自从卢文弨、孙星衍、毕沅的校勘，下至孙诒让的《间诂》，积聚了一百年来十数大儒的心力，辟莽开榛，其说日备。最近研治墨学的，有章炳麟、梁启超、胡适、章行严，其他不可胜数。汇集诸家讲《墨》之书，当不在千万言以下。要在一本两三万字的通俗小书里讲一点墨学，实是一件至难的事。倘要是毋剿说，毋雷同，异军特起，别备诸家未备之一格，这更不是轻易做得的。我这本区区的小册，总算还有些自己的创见，极想努力地给同时或以往的学者解决一些墨学里纠纷的问题。像"墨家得名的由来""墨子的生卒年代""墨学的全部系统""别墨和《墨经》"等几处，下至许、宋、尹、惠、公孙诸家和墨学的关系，在本书里均是想独辟蹊径，自造一贯的见解。并不敢徒拾陈言，哗世取宠。至于其间得失，自在读者的公评。惟以限于篇幅，往往多所删略；即说到的几点，也复语焉不详。遇考订处，以牵涉过广，尤未能罗列证据，纠非显是。这是本书的缺憾，要向读者告罪的。

中华民国十八年中秋钱穆识

第一章　墨子传略

一　墨子的姓名

墨子姓墨，从来都如此说。直到清末江瑔著《读子卮言》，论墨子非姓墨，始开异议。他文中凡列八证，最要的是：

（一）古者诸子派别，共分九流，凡传其学者皆曰某家。所谓"家"者，言学派之授受，非言一姓之子孙。故周秦之前，凡言某家之学，不能系之以姓。若墨既为姓，复称墨家，则孔子可称孔家，不合古人称谓之例。

（二）九家之名，详于《汉志》。墨家而外，若儒、道、名、法、阴阳、纵横、杂、农，莫不各举其学术之宗旨，以名其家；即九家外之小说家亦然，并无以姓称者。若墨为姓，是以姓称其学，不合九家名称之例。所以他说：

古之所谓"墨"者，非姓氏之称，乃学术之称也。

他继续说明"墨"字之义云：

> 墨字从黑，故古人即训"墨"为"黑"，(《广雅·释器》："墨，黑也。"《孟子》："面深墨"，即面深黑之义。) 又训为"晦"，(释名："墨，晦也。") 引伸之为癣墨，为绳墨。是则所谓"墨"者，盖垢面囚首，面首黎黑之义也。

墨子以自苦为极，其·学适深合于"墨"字之义，故以"墨"名其家，人亦咸以墨子称之。又曰：

> 墨子之称墨，为学问道术之称，而非墨子之姓。其得名之故，实由于癣墨不文，以绳墨自矫而来。

今按：江氏疑"墨"为道术之称，其论极是；至说墨字之义，则尚有未尽。余考"墨"乃古代刑名之一。《白虎通·五刑》："墨者，墨其额也。"《尚书》《周礼》《汉书》《孝经》诸注疏，均以"墨"为黥罪。郑云："墨，黥也；先刻其面，以墨窒之。"(见《周礼·司刑》注) 墨罪是五刑中最轻的，古人犯轻刑，往往罚作奴隶苦工。郑司农说："今之为奴婢，古之罪人也。"(见《周礼·司厉》注) 孙诒让亦谓："古人凡轻罪俘虏，亦入罪隶舂橐。"(《周礼正义》卷六九) 故知"墨"为刑徒，转辞言之，便为奴役。墨家生活菲薄，其道以自苦为极，故遂被称为"墨"了。下面是墨为奴役之称的证据：

（一）《墨子·贵义篇》："子墨子南游楚，楚王使穆贺见子墨子。曰：'子之言则诚善矣，而君王天下之大王也，毋乃曰贱人之所为而不用乎？'"穆贺以墨道为贱人所为，下面墨子也自以农夫庖人相比，这是"墨"字有劳役的意义之第一证。

（二）《吕氏春秋·高义篇》："墨子弟子公尚过为越王迎墨子。墨子曰：'若越王听吾言，用吾道，翟度身而衣，量腹而食，比于宾萌，未敢求仕。'"（比于宾萌，《墨子·鲁问篇》作"比于群臣"，误，故改从《吕氏》。）高注："宾，客也；萌，民也。"宾萌的意义，譬如现在所说的客籍流氓。许行至滕，也说"愿受一廛而为氓"。许行也是主张亲操劳作的，这是"墨"字有劳役的意义之第二证。

（三）《墨子·备梯篇》："禽滑厘事墨子三年，手足胼胝，面目黎黑，役身给使，不敢问欲。"《淮南子》上也说："墨子服役者百八十人，皆可使赴火蹈刃，死不旋踵。"（见《泰族训》）做墨子弟子的都要服役，这是"墨"字有劳役的意义之第三证。

（四）《孟子·尽心》上："墨子兼爱，摩顶放踵，利天下为之。"赵岐注："摩顶，摩突其顶。"《荀子·非相篇》："孙叔敖突秃"，杨倞注："突谓短发，可凌突人者。"焦循《孟子正义》说："突秃声转，突即秃。赵氏以突明摩，谓摩迫其顶，发为之秃。"

今按：摩顶，即今言秃头。古有髡罪，剪发服役。墨家为要便于作苦役，不惜摩顶截发，近似髡奴，不暇来讲究冠发之礼，故为孟子所讥斥。放踵也是失礼的事。《庄子》上说："墨者以跂蹻【蹻】①为服。"（《天下》）《史记·孟尝君传》："冯煖闻

① 新校本编者注：【 】中为原文，下同。

孟尝君好客，蹑屫而见之。"屫、𫏋【蹻】同字，是一种轻便无底的鞋子，当时只私下穿着；蹑屫而见，这是有失礼貌的。又《史记·虞卿传》说他："蹑𫏋【蹻】担簦"，因为虞卿是个寒士，不能备车乘，徒步跋涉，故也穿着轻便无底的鞋子，不穿贵族君子装有厚底的履。屝是雨天穿的鞋子，用来践泥的，与𫏋【蹻】一样是平民苦力的装扎。墨家为便于作事行走，故从当时贵族阶级体面的冠履制度下解放出来，截发突顶，穿鞋放脚，弄得和刑徒奴役一样，自顶至踵，无不失礼。孟子是主张以礼援天下的，故说"墨子摩顶放踵，利天下为之"，实是讥斥墨子的话。这是"墨"字有劳役的意义之第四证。

（五）《荀子·礼论篇》说："天子之丧动四海，属诸侯。诸侯之丧动通国，属大夫。大夫之丧动一国，属修士。修士之丧动一乡，属朋友。庶人之丧合族党，动州里。刑余罪人之丧，不得合族党，独属妻子，棺椁三寸，衣衾三领，不得饰棺，不得昼行，以昏殭，凡缘而往，埋之，反，无哭泣之节，无衰麻之服，无亲疏月数之等，各反其平，各复其始，已葬埋，若无丧者而止，夫是之谓至辱。"这也是讥斥墨家薄葬的非礼。《左传》上也说："若其有罪，绞缢以戮，桐棺三寸，不设属辟。"（见哀公二年赵简子之誓）现在墨子正是主张桐棺三寸的葬礼，自齐于刑余罪人，故荀子指斥他为至辱了。这更是墨家"墨"字为黥墨罪人之意的显证了。

（六）《荀子·王霸篇》又说："以是县天下，一四海，何故必自为之？自为之者，役夫之道也，墨子之说也。"这明明斥墨子之说为役夫之道。这又是墨家"墨"字为罪人服役之意的显证了。

　　　　　　　　　　　　　　　　　墨子

《礼记》上说："礼不下庶人，刑不上大夫。"（《曲礼》上）《孟子》也说："无君子莫治野人，无野人莫养君子。"（《滕文公》上）"劳心者治人，劳力者治于人；治于人者食人，治人者食于人。"（同上）这是古代贵族阶级未消灭以前的社会上一条极大的鸿沟。讲礼的，食于人的，是贵族；劳力的，食人的，是平民。墨子是一个极端反对贵族生活的人，他因反对贵族生活，所以反对礼乐，反对考究礼乐的儒家。儒家反唇相讥，说："你们所讲，只是一种刑徒役夫的行径，哪里像我们是讲的文、武、周公、孔子的道呢？"所以才加上他们一个"墨家"的徽号。这明明是讥笑他们，但是墨家却实认不讳，说："我们讲的真是刑徒役夫的行径。但是你们不要错认了，刑徒役夫的行径，是不容易做到的。从前只有一个大禹，才够得上像一个刑徒役夫。非有大禹的苦行，也就不配来做我们的刑徒役夫。"《庄子》上说：

　　墨子称道曰："昔者禹之湮洪水，决江河，而通四夷九州也。名川三百，支川三千，小者无数。禹亲自操橐耜，而九杂天下之川。腓无胈，胫无毛，沐甚雨，栉疾风，置万国。禹大圣也，而形劳天下也如此。"使后世之墨者，多以裘褐为衣，以跂跷为服，日夜不休，以自苦为极。曰："不能如此，非禹之道也，不足谓墨。"（《天下》）

就是这个意思。因此那一派人便得了一个"墨者"的称呼。这譬如现在一辈学者，提倡劳工神圣，自称劳工学派，或自称工党，是一色的了。墨子是那一派的先生，人家讥笑他说那位先生是"墨先生"，墨家也就直认不讳的都呼他为"墨先生"了。【今《墨子》书中称墨子为"子墨子"，我说应该写作"子（墨子）"，意义才明白。】

　　照以上推论，江氏所谓"墨非姓氏之称，乃学术之称"的一语，真可说是不磨之论。后来汉初有一个黥徒，他本姓英名布，但是当时多呼他黥布；他以后封到王爵，但是黥布的徽号，已经流行，司马迁做《史记》，为他作传，也径题《黥布列传》，而在文中声明他本姓英氏。现在墨子也居然以"墨"为姓了。可惜司马迁对于墨子的事迹也知道得很少，没有把他的真姓氏记出。直到二千年后，才有人出来疑心他并非姓墨。但是对于"墨"字的意义，一时也还考不出来。因此有人以为墨字系指面目黧黑而言；又附会到僧人的缁衣，说墨子是印度的黑面和尚。孟子说："墨子无父"，便是说他出家；"摩顶放踵"是秃头赤足的僧装。种种无稽之说，都从"墨"字的不得其解而来。现在我把墨字的真义指出，不但这种无稽之说可以消失；而墨家的真精神，也从墨字的训诂上，可以得到一层深切的认识了。

　　至于墨子名翟，虽然江瑔也曾一并怀疑过，我以为大致可信，不复详辨。

二 墨子的国籍

墨子生国，旧有三说：

（一）墨子宋人说。

司马迁《史记》说："盖墨翟，宋之大夫。"（见《孟子荀卿列传》）然并不说他是宋人。晋葛洪、唐杨倞始说墨翟宋人。（见葛洪《神仙传》，《文选·长笛赋》李注引，《抱朴子》，及《荀子·修身篇》注。）恐自宋大夫推想，非有确据。《墨子·公输篇》有："子墨子归过宋"一语，可见墨子非宋人。

（二）墨子楚人说。

高诱注《吕氏春秋》（《当染篇》）谓墨子鲁人，毕沅说是楚之鲁阳。（见毕氏《墨子注叙》）武亿也说墨子楚人，（见《授堂文钞·墨子跋》）此说因墨子曾与鲁阳文君问答而起，也无确切的证据。《墨子·贵义篇》说："墨子南游于楚"，可见墨子非楚人。

（三）墨子鲁人说。

《吕氏春秋·爱类篇》："《公输般》欲为楚攻宋，墨子闻之，自鲁往。"（《墨子·公输篇》，作"起于齐"者误，详见孙氏《间诂》）高诱也说墨翟鲁人。（见前）南游楚，归过宋云云，皆可为证。《贵义篇》有墨子"北之齐""南游使于卫"诸语，同样是极好的证据。）

根据上列推论，自以鲁人之说为定。

三　墨子的生卒年代

墨子的生卒年代，古来纷纷无定说，据我考订，大率如下：

（一）墨子与公输般的关系。

《墨子·鲁问篇》：

> 昔者楚人与越人舟战于江，越人亟败楚人。公输般自鲁南游楚，始为舟战之器，作钩强之备，楚人因此亟败越人。

今考《史记·楚世家》："惠王十六年越灭吴，四十二年楚灭蔡，四十四年楚灭杞。是时越已灭吴，而不能正江淮北，楚东侵广地至泗上。"公输游楚，当在惠王四十四年稍前。《檀弓》："康子母死，公输若方小，敛，般请以机封。"若即般字。（详见王引之《春秋名字解诂》）既云其年方小，决不在二十五岁以上。季康子卒在哀公二十七年，为楚惠王二十一年，下距惠王四十四年尚二十三年，公输年当在五十左右。至公输为楚制云梯，欲以攻宋，其事应在作钩强败越之后。其证有二：

第一，楚欲攻宋，墨子往止之，《鲁问篇》说："公输子谓子墨子曰：'吾未见子，我欲得宋；自我见子，予我宋而不义，我不为。'"公输既不欲宋，决不再攻越，故知制钩强在造云梯之前。

第二，《鲁问篇》又说："公输善其巧，语子墨子曰：'我舟战有钩强，不知子之义亦有钩强乎？'"可见公输制钩强在先，闻墨子论义，故把这话问他。

今略为表列如下：

惠王十六年	越灭吴	越与楚接壤。
二十一年	鲁季康子卒	季康子母应先卒，康子母卒，公输般年不出二十五，若假定公输生于鲁哀公元年，则至是年二十七。
四十二年	楚灭蔡	
四十四年	楚灭杞	是时楚东侵，广地至泗上，公输盖已先至楚，其年约五十。稍后又为楚制云梯，欲恃以攻宋，墨子自鲁往说止之。

今考墨子至楚说公输，其年上不得过于四十，下不得弱于三十。过四十则不能"百舍重茧"（见《宋策》），"裂裳裹足，日夜不休，十日十夜而至郢。"（见《吕氏春秋》）弱于三十，则墨子赴楚，先使其弟子禽子等三百人守宋（见《公输篇》），禽子事墨子三年而后问守道（见《备梯篇》），为诸弟子的领袖，不应他们师弟子都这样年轻，便学成行尊，预人国事。故推止楚攻宋，墨子年在三十上，禽厘约三十左右。

（二）墨子与孔门弟子年岁的比较：

魏文侯元年（即楚惠王四十三年。今《史记·六国年表》误，详余著《诸子系年》。）

子夏年六十二。

曾子年六十。

子贡年七十五。（不知其时尚在否？）

子思年约三十四五。

墨子约与子思相当，或稍后。

田子方，段干木，亦与墨子相比伍，或较墨子略长。

禽滑厘或未满三十，为墨徒领袖。

吴起正当生年或幼时。

（三）墨子与楚鲁阳的关系。

《墨子·鲁问篇》载鲁阳文君与墨子论攻郑，说："郑人三世弑其君，天加诛焉，使三年不全。"据《史记郑世家》，郑人弑哀公、幽公、缥公。缥公见弑，在周元王六年（即楚悼王六年）；三年不全，应及元王的八、九年。墨子自止楚攻宋到现在，已隔四十余年，年事已老，以后便不见墨子的事迹。假定墨子生在孔子死的一年，到现在也已八十七岁了。

（四）墨子事迹年表。

墨子的言论行事，可考的都载在《墨子》书里《耕柱》《贵义》《公孟》《鲁问》《公输》的五篇。现在撮举他重要的几件，略按着先后，列表如下：

西历纪元前（下并同）

四七九年	鲁哀公十六年，孔子卒。	假定是年墨子生，或稍后，至迟亦不出十年。
四七三年	越灭吴。	
四六九年	鲁哀公廿六年。越与鲁伐卫，其时子贡仕卫。	
四六八年	鲁哀公廿七年卒。季康子卒。越徙都琅琊。曾子居武城。	

四六五年	越句践卒。	《墨子·兼爱》《非攻》《公孟》《亲士》《所染》诸篇均言及句践事。
四五八年	知伯与韩、赵、魏尽分范、中行地。	《非攻》中篇言其事。
四五五年	知伯率魏韩之师攻赵，赵襄子奔晋阳。郑人弑哀公。	
四五四年	知伯围晋阳。	
四五三年	赵、魏、韩灭知伯。	《非攻》中篇、《鲁问篇》言其事。
四四七年	楚灭蔡。	《非攻》中篇言其事。
四四六年	魏文侯元年。子夏居西河，为文侯师，不定在何年。	
四四五年	楚灭杞。公输般至楚，或稍前，楚东侵广地至泗上。	
四四四年	公输子为楚制云梯，将以攻宋。其事或稍后，至多不出五年。	墨子年约三十六岁，或稍轻。（至多不出十年）自鲁往楚，止其谋。（见《公输》）其后楚王不能用墨子，墨子归鲁，曾过宋。（见《贵义》《公输》，又余知古《渚宫旧事》。）
四三一年	楚灭莒。	《贵义篇》记墨子南游卫，当在此后。《非攻》中篇言其事。
四三二年	郑幽公见杀。	
四二二年	宋昭公四十七年卒。	墨子年约五十七岁。或稍轻。仕宋见囚，（见《史记·孟荀传》《汉书·邹阳传》）当在此时稍前。

四一二年	鲁元公十九年，吴起仕鲁，当在其时。齐伐鲁，攻莒及安阳。越朱句卒。（《史记》作王翁）	墨子年约六十八岁，或稍轻。《鲁问篇》，公尚过说越王，越王使迎墨子于鲁。孙诒让疑为王翁中晚年事，约在此十年内。
四一一年	齐伐鲁，取一城。	
四〇九年	鲁穆公元年，礼事子思、曾申诸人。魏伐秦，吴起为将，取五城。	墨子年约七十，或稍轻。《鲁问篇》鲁君谓墨子曰："恐齐攻我。"孙诒让云："疑即穆公。"今按：穆公礼贤下士，故其初政，询及墨子，孙氏之说或可信。
四〇八年	齐取鲁郕。魏灭中山，乐羊、吴起为将。	
四〇五年	齐田和立。	墨子年约七十五岁，或稍轻。见齐田和，止其攻鲁，见《鲁问篇》。
四〇四年	齐康公元年。	《非乐篇》言及之。
四〇二年	子思卒，至晚在此年。	
三九六年	郑相子阳弑缯公。魏文侯卒。	墨子年约八十五岁，或稍轻。其时或已在楚鲁阳。
三九四年		墨子年约八十七岁，或稍轻，至多不出十岁。与鲁阳文君论攻郑，见《鲁问篇》。墨子不久便卒，至迟亦不出十年。
三九〇年	孟子生约在此时，或稍后。	
三八一年	吴起死于楚。	

按：表中所列年代，如魏文侯、齐田和等，与《史记·六国年表》及后来诸家不能尽同。别有考订，均详余著《诸子系年》。

第二章　墨子书的内容

　　《墨子》一书，《汉书·艺文志》说是七十一篇；《隋书·经籍志》以下，都说是十五卷。今本卷数同《隋志》，篇数只有五十三篇，较《汉志》少十八篇。（内八篇尚有目，十篇并目无之。）近人胡适把他分成五组（见《中国哲学史大纲》卷上），梁启超的意见，和胡氏微有不同。（见《墨子学案》）下面并列两家的说法，再参以著者一己的私见。

第一组

　　胡说：自《亲士》到《三辩》，凡七篇，皆后人假造。（黄震、宋濂所见别本，此七篇题曰"经"。）前三篇全无墨家口气，后四篇乃根据墨家的余论所作。

　　梁说：《亲士》《修身》《所染》三篇非墨家言，纯出伪托，可不读。《法仪》《七患》《辞过》《三辩》四篇是墨家记墨学概要，很能提纲挈领，当先读。

按：今本《墨子》卷一文七篇，前三篇胡、梁说同，后四篇胡、梁说异。我看《法仪》一篇真是提纲挈领的墨学概要，文章的气味亦和《兼爱》上、《非攻》上诸篇差不多，应为先秦墨家所记。至《七患》《辞过》《三辩》三篇，虽似墨家议论，却并不紧要，文气也像西汉人的作品。应从胡说为是。

第二组

胡说：《尚贤》三篇，《尚同》三篇，《兼爱》三篇，《非攻》三篇，《节用》两篇，《节葬》一篇，《天志》三篇，《明鬼》一篇，《非乐》一篇，《非命》三篇，《非儒》一篇，凡二十四篇，大抵皆墨者演墨子的学说所作；其中也有许多后人加入的材料，《非乐》《非儒》两篇更可疑。

梁说：《尚贤》上中下，《尚同》上中下，《兼爱》上中下，《非攻》上中下，《节用》上中，《节葬》下，《天志》上中下，《明鬼》下，《非乐》上，《非命》上中下，这十个题目二十三篇，是墨学的大纲目，《墨子》书的中坚。篇中皆有"子墨子曰"字样，可以证明是门弟子所记，非墨子自著。每题各有三篇，文义大同小异，盖墨家分为三派，各记所闻。《非儒》下篇无"子墨子曰"字样，不是记墨子之言。

按：今本《墨子》卷二至卷九文二十四篇，胡、梁二氏说大致相同。胡氏疑《非乐》《非儒》两篇，梁氏疑《非儒篇》不是墨子的说话。胡氏怀疑《非乐篇》的理由，因为他不信墨子能见田和及齐康公。他说："《鲁问篇》是后人所辑。其中说的齐大王，未必便是田和。即使是田和，也未必可信。《非乐篇》是后人补做的。其中屡用'是故子墨子曰为乐非也'一句，可见其中引的历史事实，未必都是墨子亲见的。"故他也怀疑墨子曾见齐康公。（见《中国哲学史大纲》卷上第六篇《墨子传略》）但是据我考订，田和、齐康公的年代，都和墨子相及；至于"是故子墨子曰"一语，像《尚贤》上，《尚同》上中下，《兼爱》上中下，《非攻》中下，《节用》上，《节葬》下，《天志》中下，《明鬼》下，《非命》上中下各篇都有，本来同出后人追记，哪得据此一语独说《非乐》一篇更可疑呢？梁氏说《非儒篇》不是记墨子之言，因为篇中无"子墨子曰"字样，这层毕沅已说过。沅云：

> 《亲士》诸篇无"子墨子言曰"者，翟自著也。此（指《非儒》）无"子墨子言曰"者，门人小子臆说之词，并不敢以诬翟也。例虽同而事异，后人以此病翟，非也。

不悟《非攻》上篇亦无"子墨子曰"字样，哪能说他不是记墨子之言？胡氏怀疑《非儒》，并没有说明理由，谅和毕、梁意见仿佛。我想这一组的二十四篇文字，都出后人追述，在没有更可靠的证据以前，我们暂可一例看待，不必提出某几篇来歧视他们。

第三组

胡说：《经》上下、《经说》上下、《大取》、《小取》六篇，不是墨子的书，也不是墨者记墨子学说的书。我以为这六篇就是《庄子·天下篇》所说的"别墨"做的。这六篇中的学问，决不是墨子时代所能发生的。况且其中所说，和惠施、公孙龙的话最为接近。惠施、公孙龙的学说差不多全在这六篇里面。所以我以为这六篇是惠施、公孙龙时代的"别墨"做的。我从来讲墨学，把这六篇提出，等到后来讲"别墨"的时候才讲他们。

梁说：这六篇鲁胜叫他做"墨辩"，大半是讲论理学。《经》上下当是墨子自著。《经说》上下当是述墨子口说，但有后学增补。《大取》《小取》，是后学所著。

按：今本《墨子》卷十卷十一文六篇，胡、梁二氏的意见颇相歧异，实为墨学上一个有兴趣的问题。

胡氏说这六篇决非墨子所作的理由，约有四端：

（一）文体不同。这六篇文体、句法、字法，没有一项和《墨子》书的《兼爱》《非攻》《天志》……诸篇相像的。

（二）理想不同。墨子的议论，往往有极鄙浅可笑的。例如《明鬼》一篇，虽用三表法，其实全无论理。这六篇便大不同了。六篇之中，全没有一句浅陋迷信的话，全是科学家和名学家的议论。可见这六篇书，决不是墨子时代所能做出的。

（三）"墨者"之称。《小取篇》两称"墨者"。

（四）此六篇与惠施、公孙龙的关系。这六篇中讨论的问题，全是惠施、公孙龙时代的哲学家争论最烈的问题，如"坚白之辩"，"同异之论"之类。还有《庄子·天下篇》所举惠施和公孙龙等人的议论，几乎没有一条不在这六篇之中讨论过的。（例如"南方无穷而有穷"，"火不热"，"目不见"，"飞鸟之影未尝动也"，"一尺之棰，日取其半，万世不竭"之类皆是也。）又如今世所传《公孙龙子》一书的《坚白》《通变》《名实》三篇，不但材料都在《经》上下、《经说》上下四篇之中，并且有许多字句文章都和这四篇相同。可见墨辩诸篇，若不是惠施、公孙龙作的，一定是他们同时人作的。（见《中国哲学史大纲》卷上第八篇《别墨》）

梁氏的驳议，可分为如下之诸点：（下引梁氏语，均见《墨经校释》里的《读墨经余记》。）

（一）诸篇性质各异，不容并为一谈。

> 《大取》《小取》既不名经，自是后世墨者所记。断不能因彼篇中有墨者之文而牵及经之真伪，盖彼本在经之范围外也。（原注："胡氏误认六篇同出一人手，此根本致误处。"）

据此，梁氏对于胡氏第三条，相当的认许，亦说《大取》《小取》为后世墨者所记。辨论焦点，只在《经》上下、《经说》

上下四篇。

梁氏又说：

《经》分上下两篇，文例不同，《经》上必为墨子自著，《经》下或墨子自著，或禽滑厘、孟胜诸贤补续，未敢悬断。至《经说》与《经》之关系，则略如《公羊传》之于《春秋》。欲明《经》，当求其义于《经说》，固也；然不能径以《经说》与《经》同视。《经说》固大半传述墨子口说，然既非墨子手著，自不能谓其言悉皆墨子之意；后学引申增益，例所宜有。况现存《经说》，非尽原本，其中尚有后人案识之语羼入正文。今因《说》之年代以疑《经》之年代，是犹因《公羊传》有孔子以后语，而谓《春秋》非孔子作，大不可也。

据此，梁氏于《经说》上下两篇，亦相当的认许非尽墨子之意，有后人羼入之语；只谓《经》的年代，确为墨子所自著。其论证如下：

(二)《经》之文体与他篇不同，正乃《经》为墨子自著之确证。

诸篇皆有"子墨子曰"，必为其门弟子所记述，《经》文体与他篇异者，《经》为墨子自著故也。胡氏反以此为《经》非出墨子之证，何也？

按：《经》的文体与他篇不同，只能说《经》与其他诸篇，非出一手，或非出一时，不能便断定《经》为墨子自著。毕沅因《亲士》《修身》两篇无"子墨子曰"，便疑为墨翟亲笔，实为大误。《经》的没有"子墨子曰"，也不能据为墨子自著的确证。管子书有《经言》，不能说《经言》乃管子所自著也；正如《墨经》的题目称"经"，不能说《墨经》即墨子自著也。

（三）以文体论，《墨经》决非施、龙时代之产物，而实为墨子时代之产物。

> 试将《老子》与《庄子》比较，《论语》与《孟子》比较，即可知当时文体变迁甚剧。前此之文约而旨微，后此之文敷而旨畅。施、龙时代之文，则《庄》《孟》《国策》其代表也。《墨经》之文乃与《易象传》及《春秋》颇相类，此种文体，战国无有。

按：《老子》系晚出伪书，这是梁氏后来竭力主张的，可见文约旨微，未必即其书先出之证。《易象传》也非孔子时代的作品。《春秋》只限记事，不能仅以语句简短，便说他与《墨经》相类。《老子》《易象传》《墨经》或者同是后起的文字，哪能说战国无此文体？

（四）此《经》根本理想，实与墨教一致。

> 如"仁体爱也"，"义利也"，"任士损己而益所为也"，"无穷不害兼"诸条最明。其与他篇互有详

略，则固宜然。

按：《墨经》理论，本为"兼爱"辩护，梁氏谓其根本理
想与墨教一致，此本不误。惟第三组各篇立说，均甚粗略朴素，
《墨经》中的理论，则遥为高深细密。照思想的进程讲，《墨经》
自应在《天志》《兼爱》等诸篇之后。梁氏只说《墨经》根本理
想与墨教一致，不能证明《墨经》即墨子所自著。（余有《墨
辩探源》一文，详论《墨经》理论，专为"兼爱"学说辩护，
而其出较晚，刊布于《东方杂志》第二十卷第八号，读者可参
观。）①

比观上列意见，必谓墨经系墨子自著，实无确切论证，无
宁谓《墨经》是墨家晚出的思想，较为得实。此外更有一重要
的论点，即为：

（五）《墨经》与惠施、公孙龙一派学说的异同。

施、龙辈确为"别墨"，其学说确从《墨经》衍
出，然断不能谓《墨经》为施、龙辈所作。施、龙
辈所祖述者，不过《经》中一小部分，而其说之内
容，又颇与《经》异。

按：胡氏谓《墨经》所说和惠施、公孙龙的话最为接近，
施、龙的学说，差不多全在《墨经》里；而梁氏则谓施、龙之
说颇与《经》异。究竟施、龙思想和《墨经》内容是同是异，

---

① 原编者按：《墨辩探源》一文，今收入《中国学术思想史论丛（二）》。

实为本问题最重要的所在，可惜梁氏未能细论。同时章行严对此问题，却提出切实的见解来攻击胡适。他的《墨学谈》，说："九流名、墨并称，施、龙之名，隶名而不隶墨。"又著《名墨訾应考》，（见《东方杂志》第二十卷第三号）证名、墨两家倍谲不同，决非相为祖述；自谓其说将为墨学起一翻案。但他也说《墨经》非墨子手著。这一层和胡氏的意见终算相合。现在把他《墨学谈》里面所举名、墨倍谲的一例摘钞如下：

> 惠子言："一尺之棰，日取其半，万世而不竭。"墨子言："非半勿斲，则不动，说在端。"两义相对，一立一破，绝未可同年而语。以辞序微之，似惠为立而墨为破。何以言之？惠意重在取而不在所取，谓无论何物，苟取量仅止于半，则虽尺棰，可以日日取之，历万世而不竭。墨家非之，谓所取之物诚不必竭，而取必竭。一尺之棰，决无万世取半之理。今日取其半，明日取其半之半，又明日于半之中取其半，可以计日而穷于取，奚言万也。何也？尺者，端之积，端乃无序而不可分，于尺取半，半又取半，必有一日，全棰所余，两端而已。取其一而余其一，余端凝然不动，不能斲，即不能取也。故曰："非半勿斲，则不动，说在端。"

以上所论，看似甚辨；其实所举两义，本只是一事的两面，并非绝不可同年而语的。从前司马彪已说过：

若其可析，则常有两。若其不可析，其一常存。

故曰："万世不竭。"（《庄子·天下篇·释文》引）

他便是把"非半勿斱则不动"，来说明"日取其半万世不竭"的道理。何尝是名、墨之相訾应呢？而且这一种论证法在当时是极盛行的。惠施的《历物》说："日方中方睨，物方生方死。"（见《庄子·天下篇》）又说："万物毕同毕异。"（同上）这不能说是惠子一人自为訾应。公孙龙也说过："物莫非指，而指非指。"（《指物论》）也不能说是公孙龙子的自为訾应。同时庄子也说过："天下莫大于秋毫之末，而泰山为小；莫寿于殇子，而彭祖为夭。"（《齐物论》）这都是一理的两面，哪能说是两义相对，一立一破呢？现在姑退一步，照梁氏的说法："施、龙之说颇与《经》异"，则《庄子·天下篇》上已明明说过："俱诵《墨经》，而倍谲不同，相谓'别墨'。以坚白同异之辩相訾，以觭偶不仵之辞相应。"可见当时一辈墨徒，他们自有异同，你说我非墨学的正统，我也说你非墨学的正统，相谓"别墨"，以相訾应，正是墨家内部的事，哪得说名、墨相訾应呢？

概括上面的讨论，《墨经》的作者和年代，还是胡氏的说法较为可信。

第四组

胡说：《耕柱》《贵义》《公孟》《鲁问》《公输》这五篇，乃是墨家后人把墨子一生的言行辑聚来做的，就同儒家的《论语》一般。其中有许多材料，比第二组还更为重要。

　　梁说：这五篇是记墨子言论行事，体裁颇近《论语》。

按：今本《墨子》卷十一、十二、十三，三卷文五篇，胡、梁所说，颇无不同。

第五组

　　胡说：自《备城门》以下到《杂守》凡十一篇，所记都是墨家守城备敌的方法，于哲学没什么关系。

　　梁说：《备城门》以下十一篇，是专言守御的兵法，可缓读。

按：今本《墨子》卷十四、卷十五文十一篇，胡、梁所说，亦无异点。近人朱希祖论此十一篇乃汉人伪书，见《清华周刊》三十卷九期。(《墨子备城门以下二十篇系汉人伪书说》) 其证有四：(一) 多汉代官名。(如城门司马，城门侯，都司空，执盾，中涓，曹，关内侯，五大夫，公乘，二百石之吏，三百石之吏等。)(二) 有汉代刑法制度。(如城旦，蔺石等。)(三) 多袭战国末及秦汉诸子。(如《备城门》袭《管子·九变》。)(四) 多言铁器，与墨子时代不符。他说："《号令》《杂守》诸篇，皆言边县，系汉代燕、赵诸侯王备边塞时所作守城书，而托之墨子。"

　　上面将《墨子》书的内容，略略分说一过。大概首末两组多伪品不足据。墨子的言行事迹，载在第四组；墨家的学说，载在第二及第三组。第二组里还只是素朴的宗教观的兼爱论，还只是引经据典"上本之于古者圣王之事"的辩证法。第三组里的兼爱主义，却有了幽深的哲学上的论据，和根据自然的科学的辩证。照思想进程讲来，第三组的理论，一定成立在第二组的理论之后。第二组的文字，都不是墨子亲笔，而只是后来墨徒的记述。第三组的文字谅来更不是墨子时所有，他的思想，也并不是墨子当时的思想，所以记载的人也并不说是"子墨子曰"了。照此看来，《墨子》一书，实在是没有墨子的手著在内。

第三章　墨学述要

无论哪一派学说，没有经过时间的推迁而不发生变化的。往往看他后来的生长和流衍，格外可以明白他的根柢和泉源。本章叙述墨学，便着眼在这一点上。

一　初期的墨学

"初期墨学"的一名词，便是指着墨子时代的墨学而说的。他便是后来墨学生长和流衍的根源。研究初期墨学最要的着眼点，便是墨子的时代背景，和墨子个人的人格。对此两点，有透切的认识，初期墨学的精神自然不难了解。

一　墨子学说的背景及其系统

墨学的渊源，《汉书·艺文志》说："墨家者流，盖出于清庙之守。"此言最无理据，不可信。（详细驳论，可看胡适《中国哲学史大纲》卷上附录《诸子不出于王官论》)《吕氏春秋·当染篇》说：

> 鲁惠公使宰让请郊庙之礼于天子，桓王使史角
> 往，惠公止之，其后在于鲁，墨子学焉。

史角之后是怎样的，现在也无从稽考。《淮南子》的《要略》上说：

> 墨子学儒者之业，受孔子之术，以为其礼烦扰
> 而不说，厚葬靡财而贫民，久服伤生而害事，故背
> 周道而用夏政。

这一节话，除却"用夏政"一语不足信外，（证论已详第一章）
实在是讨论墨学渊源最可依据的史料。

我们要明了墨学的起源，不可不知墨子时代学术界的情形。
墨子鲁人，生当孔子卒后，他正是产生在儒学空气极浓厚的国
土内，影响他最深切的，自然是儒学。儒学发生在鲁国，本自
有他特别的背景。《论语》："子曰：周监于二代，郁郁乎文哉，
吾从周。"（《八佾》）刘宝楠《正义》云：

> 鲁，周公之后，周公成文武之德，制礼作乐。祝
> 鲍言伯禽封鲁，其分器有备物典册。典册即周礼，是
> 为周所赐也。故韩宣子谓周礼尽在鲁。又孔子对哀
> 公言："文武之道，布在方策。"方策者，鲁所藏也。
> 《中庸》（孔子）云："吾学周礼，今用之，吾从周。"

是据鲁所存之周礼言。《礼运》孔子曰："吾观周道，
幽厉伤之；吾舍鲁何适矣？"是言鲁能存周礼也。

　　春秋时的鲁国，是西周古礼惟一的保藏所。孔子是一个热
心恢复古周礼，来矫正当时贵族阶级奢僭的人。他们的经典，
是古官书的一部分：《诗》《书》六艺。他们的口号是："仕而优
则学，学而优则仕。"他们的事业，只争得贵族阶级下层一个陪
臣的地位：家宰和小相。他们讲究的便只是足食，足兵，宗庙
会同，使于四方，做贵族的管家或跟辈。他们的日常生活，便
只是礼、乐、射、御，"浴乎沂，风乎舞雩，咏而归"的一副
情致。他们的结局，孔子是栖栖皇皇，一生没有得志。在他身
后，季孙专鲁，魏斯篡晋；贵族阶级上下维系的古礼，益发崩
坏，他们"君君臣臣"的主张，已自绝对不行；而曾子居武城，
子夏居西河，还安受着贵族的荫庇和豢养，而无可奈何。墨子
是正在这样的环境底下生长起来的。他的痛恶贵族阶级的奢僭，
而要加以矫正，是受着儒家的影响；他的重视古官书，时时称
道，也是受着儒家的影响。他澈底反对古礼，反对一切近似贵
族的生活；因而反对礼乐，反对儒家，又反对仕进。提倡劳役
的人生，以自苦为极，把黔墨的生活来做人类普遍的榜样，一
半是受着时代的反激，一半是原于他个人的性气。从这样的一
个立场，来从事组织他的哲学，他下层的底盘便是"节用"、
"节葬"（节用，节葬，便是非礼。）、"非乐"、"非攻"、"非命"
（非命是反对"浴沂风雩"的生活。）、"非儒"，这都是反贵族的
思想。从这上面，再归纳的提出他兼相爱交相利的"兼爱主义"，

和尚贤事能的"尚贤主义"。尚贤足以打倒贵族阶级在政治上的特殊地位，兼爱足以打倒贵族阶级在生活上的特殊地位。"兼爱""尚贤"是墨子学说中坚的两大干，他同一的泉源是"反贵族"。从"兼爱主义"上，再进一层，建立他的哲学根据的是"天志"，附带着说"明鬼"。从"尚贤主义"上，引衍出去，建立他的政治理想的是"尚同"。再把"尚同"综合到"天志"上去，遂把初期墨学很厚重的披上了一层宗教的面幕。

初期墨学的系统图

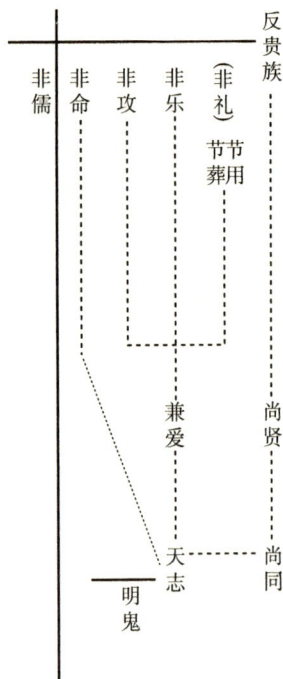

反贵族

非儒　非命　非攻　非乐　（非礼）节葬节用

兼爱　尚贤

天志　尚同

明鬼

墨子

"反贵族"是初期墨学最主要的根源，"非儒"占定了他在学术界上的门户与地位，"尚贤""兼爱"是墨学的大骨格，"天志""明鬼"做了他著书立说最后的护符。墨学的真根柢，本不从宗教的冲动上培植出来，所以初期墨学，虽涂上了许多宗教的色彩，到底墨学的生长和流衍，却不会向宗教的路上走。到后来他们的理论，得到了更好的支点，他们也自己把"天志""明鬼"的护符揭去了。只有学术界上的门户，一旦筑就，却不易打破；而且每每的愈筑愈高，愈筑愈厚。儒、墨的是非，纷争了二百年，直到六国尽灭，贵族阶级尽泯，儒、墨的争论也才终结。其实他们都只是从一个根源上发生，他们的根本精神，都只是一个"反贵族"。儒家只是反贵族的右派，墨家是左派。先秦诸子更逃不出他们两家的范围。墨家因为反贵族的思想，更激昂了一些，所以他们在政治舞台上的活动，却不免落后；他们的事业，也不免偏重到平民社会的一方面来。因此他们政治上的"尚贤主义"，也就呼声不高，不遭受外面显著的反应；同时因为贵族政治的自身崩坏，和时势的逼迫和需要，"尚贤主义"也早已为时代的潮流所容受，外面没有抗拒，就激荡不出精采，人家转把他们的主张淡焉若忘了。直到了最后士阶级得势，政治上的份子，变动得过分急烈，才有提出"无为""不尚贤"的理论来的，像慎到、老子，这已是战国晚年的话了。因此"兼爱"一义，遂形成墨学的中坚，做了惟一的柱石。儒、墨的争论，本只偏重在对于礼乐上的见解。《公孟篇》说："儒道足以丧天下者四政：（一）儒以天为不明，以鬼为不神；（二）厚葬久丧；（三）习为声乐；又（四）以命为有。"新兴的墨者，自己把天鬼有命的主张取消了。切实的争端，只在"礼乐"两字。所以儒家的后起孟子，他反对墨学，也便专指着"兼爱"一义。后人遂误认墨学的根本观念只有一个兼爱，又误认墨学的后面带着深厚的宗教性。把初期墨学的时代背景透切看来，似乎不好算是见骨之论罢！

二　墨子的人格

研究一家的学术，不但要认清他的时代背景，还要了解那学者个人的人格和性气，才能识得那一家学术的真相。尤其是墨学，他的伟大和感动性，不在他的学说，而在他的人格。除却墨子那种坚苦卓绝笃实光辉的人格，墨学是享不到人们的欢迎的。在《庄子》的《天下篇》上曾说过：

> 其生也勤，其死也薄，其道大觳，使人忧，使人悲，其行难为也；……反天下之心，天下不堪。……虽然，墨子真天下之好也，将求之不得也。

这是说墨子的学说，反乎人心，使人不堪；他的人格，却又博人欢爱，叫人有求之不得之慨。这在墨学里边，正是一个根本的矛盾性。墨子自己也曾说过：

> 言而非兼，择即取兼，此言行拂也。不识天下所以皆闻兼而非之者何也。（《兼爱》下）

这是说世人都反对兼爱的学说；但遇到利害关头的时候，便要去选择真能兼爱的人和他共事。世人批评兼爱的话，只说是：

善而不可用。

墨子说：

焉有善而不可用者？

世人不情愿吃自己兼爱的亏，却情愿享别人兼爱的福。这真是墨学进行上一重不可解免的难关。《吕氏春秋·长利篇》，载着一段很富刺激性的故事，在这故事里能把这一种的矛盾性充分地表现出来。他说：

戎夷违齐如鲁，天大寒，而后门，与弟子一人宿于郭外。寒愈甚，谓其弟子曰："子与我衣，我活也；我与子衣，子活也。我国士也，为天下惜死；子不肖人也，不足爱也。子与我子之衣！"弟子曰："夫不肖人也，又恶能与国士衣哉？"戎夷太息叹曰："嗟乎！道其不济夫！"解衣与弟子，夜半而死。弟子遂活。

我们一定要认识人世间这一种的矛盾性，才能欣赏墨子的哲学；才能欣赏墨子的为人；才能知道墨学在当时怎样地鼓动人们的心坎，招惹人们的热慕，而到底归于消沉，不能持久。

> 子墨子自鲁即齐，过故人，谓子墨子曰："今天下莫为义，子独自苦而为义，子不若已。"子墨子曰："今有人于此，有子十人，一人耕而九人处，则耕者不可以不益急矣。何故？则食者众，而耕者寡也。今天下莫为义，则子如劝我者也，何故止我？"（《贵义》）

墨子的人生，便从这一个矛盾点上出发。墨子是竭力反对战争的，他说：

> 入人园圃，窃其桃李，众闻则非之，为政者得则罚之。何也？以亏人自利也。至攘人犬豕鸡豚，入人栏厩，取人马牛，其不义又甚，罪益厚。至杀不辜人，扡其衣裘，取戈剑，其不义又甚，罪益厚。此天下之君子皆知非之，谓之不义。今至大为不义，攻国，则弗知非，从而誉之谓之义。
>
> 杀一人，谓之不义，必有一死罪矣。杀十人，十重不义，必有十死罪矣。杀百人，百重不义，必有百死罪矣。此天下之君子皆知非之，谓之不义。今至大为不义，攻国，则弗知非，从而誉之谓之义。情不知其不义也，故书其言以遗后世。
>
> 今有人于此，少见黑曰黑，多见黑曰白，则以

此人不知白黑之辨矣。少尝苦曰苦，多尝苦曰甘，则以此人不知甘苦之辨矣。小为非则知非之，大为非，攻国，则不知非，从而誉之谓之义，此可谓知义与不义之辨乎？

是以知天下之君子，辨义与不义之乱也。(《非攻》上)

这在理论上，正又是一个显著的矛盾，墨子把他亲切地指出来。他关于这点上，还有一件最有名的故事，来表现他全部的人格。

公输般为楚造云梯之械，将以攻宋。墨子闻之，起于鲁，行十日十夜，足重茧而不息，裂裳裹足，至于郢，见公输般。曰："北方有侮人，愿藉子杀之。"公输般不悦，曰："吾义固不杀人。"墨子再拜曰："请说之！吾从北方闻子为梯将以攻宋，宋何罪之有？"公输般服。墨子曰："然胡不已乎？"曰："不可，既已言之王矣。"墨子曰："胡不见我于王？"公输般曰："诺。"墨子见王，曰："宋必不可得。"王曰："公输般，天下巧工也，已为攻宋之械矣。"墨子曰："令公输般设攻，臣请守之。"于是解带为城，以牒为械。公输般九设攻城之机变，墨子九距之。公输般攻械尽，墨子守圉有余。公输般诎而曰："吾知所以距子矣。"墨子亦曰："吾知子之所以距我矣。"楚王问其故。墨子曰："公输子之意欲

杀臣，杀臣，宋莫能守，乃可攻也。然臣之弟子禽
滑厘等三百人，已持臣守围之器，在宋城上而待楚
寇矣。虽杀臣不能绝。"王曰："善哉！我请无攻宋
矣。"（《墨子·公输篇》《宋策》《吕氏·爱类》《淮
南·脩务》，均载此事。）

这是何等的精神！何等的气度！又是何等的技能！楚王、公输
子，只为墨子这一种的精神气度和他惊人的绝艺上降服了。恐
怕还不是"非攻"理论的成效。

公输子谓子墨子曰："吾未得见之时，我欲得宋。
自我得见之后，予我宋而不义，我不为。"（《鲁问》）

这可见墨子感人的深厚。所以：

墨子服役者百八十人，皆可使赴火蹈刃，死不
旋踵。（《淮南子·泰族训》）

这是亲炙到墨子人格上的威权的。

子墨子怒耕柱子，耕柱子曰："我无愈于人乎？"
子墨子曰："我将上太行，驾骥与羊，子将谁驱？"
曰："将驱骥。""何故驱骥也？"曰："骥足以责。"
子墨子曰："我亦以子为足责。"（《耕柱》）

可见墨子鞭策他的弟子，也仍不脱这一种矛盾性的气味。

> 鲁人有因子墨子而学其子者，其子战而死。其
> 父让子墨子。子墨子曰："子欲学子之子，今学成矣，
> 战而死，而子愠；是犹欲粜，粜售则愠也。岂不悖
> 哉？"（《鲁问》）

这又是在墨子门下痛切的表显那种矛盾性的一个好例。所以
《庄子》的《天下篇》上说：

> 墨翟、禽滑厘之意则是也，其行则非。

又说：

> 墨子独生不歌，死不服，桐棺三寸而无椁，以为
> 法式。以此教人，恐不爱人。以此自行，固不爱己。

这是说墨子从爱人的本意上，却转出不爱人的行为来，因此说
他意是而行非。这又不是墨学上深深的一层矛盾么？墨子处处
很严厉的批评世俗的矛盾；但是从世俗的眼光看来，也就觉得
墨学自身便是一个矛盾的象征。儒、墨的鸿沟是显然的了。孔
子只是一个调和，墨子只是一个矛盾。让他们不信服墨子的说
话，却不得不来崇拜墨子的人格。
　　根据上述两节，我们约略可以认识一点初期墨学的精神和

体貌。下面再讲一些关于墨子弟子的话。

三　墨子的弟子

《吕氏春秋》说："孔、墨之弟子徒属，充满天下。"（《有度》）《淮南子》说："墨子服役者百八十人。"（《泰族训》）在数量上讲来，已较孔子的七十七弟子，增加到一倍以上。可见时代向后，学术的空气在平民社会里，逐步展开，故尔有此现象。可是孔子弟子《史记》有专传，其名多传于后；墨子弟子，世几莫能举其名。孙诒让说：

　　彼勤生薄死以赴天下之急，而姓名渐灭，与草木同尽者，殆不知凡几。呜呼悕已！

这真是沉痛之言。孙氏因此著《墨学传授考》，挟微阐幽，意良可嘉。梁氏据之制《墨者人表》。（见《墨子学案》，《附录》一。）今再师其意，著《墨子弟子姓名表》如下：

墨子

- 弦唐子 ?（《贵义》）
- 孟山（《鲁问》）
- 彭轻生子 ?（《鲁问》）
- 胜绰（《鲁问》）
- 曹公子（《鲁问》）
- 跌鼻（《公孟》）
- 治徒娱（《耕柱》）
- 高孙子（《鲁问》）
- 管黔傲（《耕柱》）
- 胡非子 ?（著书三篇）《汉书·艺文志》——（再传）屈将子《太平御览》卷四百三十七引《胡非子》
- 随巢子 ?（著书六篇）《汉书·艺文志》
- 魏越（《鲁问》）
- 耕柱子（《耕柱》）
- 公尚过（《贵义》《鲁问》，《吕氏·高义》）
- 县子石（《耕柱》《吕氏·尊师》）
- 高何（《吕氏·尊师》）
- 高石子（《耕柱》）
- 禽滑厘（《公输》，其他不尽举）——（再传）索卢参（《吕氏·尊师》）；许犯《吕氏春秋·当染》——（三传）田繫《吕氏·当染》

以上诸人，大率姓名仅详，事迹无考。下面姑据所知，约略推论，也足想见初期墨学面貌的一部。

（一）墨子弟子的生活状况

墨学兴起，正当曾子、子夏、子思显名的时候，儒术已经煊赫。墨子要把一种刑徒役夫的生活，来反对儒术的贵族化。他要以裘褐为衣，以跂𫏋为服，日夜不休，以自苦为极。推想他那时的一辈信徒，大概是贫贱之士为多。他们的生活，可举一禽滑厘为例：

> 禽滑厘事子墨子，三年，手足胼胝，面目黎黑，役身给使，不敢问欲。（《备梯》）

役身给使，看来是一辈墨徒普遍的情形。所以《淮南子》上也说："墨子服役者百八十人。"

> 子墨子出曹公子于宋，三年而反，睹子墨子曰："始吾游于子之门，短褐之衣，藜藿之羹，朝得之则夕弗得，无以祭祀鬼神。今以夫子之教，家厚于始，谨祭祀；然而人徒多死，六畜不蕃，身湛于病。吾未知夫子之道之可用也。"子墨子曰："不然。鬼神之所欲于人者，欲人之处高爵禄则以让贤，多财则以分贫。今子处高爵禄而不让贤，一不祥。多财而不分贫，二不祥。子事鬼神，惟祭而已。若是而求福，岂可哉？"（《鲁问》）

在这段故事里，可证墨徒之多出贫贱。短褐之衣，藜藿之羹，正可与面目黎黑，手足胼胝相参证。墨子教弟子谨祀鬼神，这是他"明鬼论"的实行。他又主张财多分贫，这是他"兼爱论"的实行。在这两件主张的后面，我们可以看透一点墨子学说是在那样一种物质环境里滋长出来的新苗。

> 子墨子游耕柱子于楚，二三子过之，食之三升，客之不厚。二三子复于子墨子曰："耕柱子处楚无益矣。"子墨子曰："未可知也。"毋几何，遗十金于子墨子。子墨子曰："果未可知也。"（《耕柱》）

这里的三升，是每食之数。阎若璩说："古量五当今一"，则止今之大半升。古以一斤为一金，十金是很薄的，哪比得人家百金、千金、万金之钜呢？墨徒中间一个人得到禄位，同门的多赶去想好处。《庄子》说："河润九里，泽及三族。"（《列御寇》）儒、墨的心理，原是一致的。十金的馈遗，墨子已很满意，这可征墨家尚俭的精神，和财多分贫的主张。他们大概在一派中间，是试行着共产的意味罢？

（二）墨子弟子的政治活动

墨子学说，虽说是竭力反抗贵族的；在实际生活上，一时到底还不能严正地和贵族隔绝。他们的活动，现在可考的，也还只有参加政治事业的一端，比较的详一些。

> 有游于子墨子之门者，身体强梁，思虑徇通，欲使随而学。子墨子曰："姑学乎！吾将仕子。"劝

于善言而学。期年，责仕于子墨子。子墨子曰："不仕子。鲁人有父死，长子嗜酒不葬。弟曰：'与我葬，当为子沽酒。'已葬，责酒于其弟。弟曰：'岂独吾父哉？子不葬，人将笑子，故劝子葬。'今子不学，人将笑子，故劝子学也。"（《公孟》）

责仕于师的情形，恐怕也是墨徒中间一件普通的情形罢？在当时的社会上，实业、教育、文化种种无可发展的地步，舍却耕稼劳作，要限止他不向政治路上跑，这是不可能的。孔子早已说过："三年学，不志于谷，不易得也。"（《论语·泰伯》）孔子弟子，只是季次算不仕为家臣。漆雕开说："吾斯之未能信"，（《公冶长》）孔子便不禁得十分的激赏他。在墨子自己虽说是："度身而衣，量腹而食，比于宾萌，未敢求仕"；（《吕氏春秋·高义》）但是对他一辈门徒，为学风的传播上和生活的维持上，也只有帮他们在政治界多尽些介绍游扬的责任。

墨子使管黔傲游高石子于卫。（《耕柱》）
墨子游公尚过于越。（《鲁问》）游耕柱子于楚。（《耕柱》）出曹公子于宋。（《鲁问》）子墨子游魏越。（《鲁问》）
墨子使胜绰事项子牛。（《鲁问》）

凡此可见墨子为他弟子在政治界上出力运动，实较孔子更为热心了。《论语》上说是"不仕无义"，（《论语·微子》）可是孔子没有像墨子那样出力的游仕其弟子。这也是有生活的背景在他们的后面。评论古人学说，本不该单拈着一端，来妄肆我们的高下之见的。墨子弟子在政治上也颇能表现他们相当的气节：

> 子墨子使管黔傲游高石子于卫，卫君致禄甚厚，设之于卿。高石子去之齐，见子墨子，曰："卫君以夫子之故，致禄甚厚，设我于卿，而言无行，是以去。"子墨子悦。召禽子曰："倍义而乡禄者，我常闻之矣；倍禄而乡义者，于高石子焉见之也。"（《耕柱》）

但亦有树立不起的：

> 子墨子弟子仕于卫而反，曰："与我言而不审，曰：'待女以千盆'，授我五百盆。"子墨子曰："授子过千盆，则去之乎？"曰："不去。"子墨子曰："然则非为其不审，为其寡也。"（《贵义》）
>
> 子墨子使胜绰事项子牛。项子牛三侵鲁地，而胜绰三从。子墨子使高孙子请而退之。曰："夫子三侵鲁，绰三从。绰非弗知，禄胜义也。"（《鲁问》）

"禄胜义"便是没骨气，没节操，这也是孔、墨两家同有的慨叹。足征两家学说虽异，他们实际生活上就很多类似的地方。

子墨子谓公良桓子曰：“卫，小国也，处齐、晋之间，犹贫家之处于富家之间也。贫家而学富家之衣食，多用，则速亡必矣。今简子之家，饰车数百乘，马食菽粟者数百匹，妇人衣文绣者数百人。若取以畜士，必千人有余。有患难，使数百人处前，数百人处后，与妇人数百人处前后孰安？吾以为不若畜士之安也。”（《贵义》）

原来儒家以礼、乐、射、御、书、数六艺托附于贵族，墨家则以“患难处前后”托附于贵族。他们都是有他们进身的凭藉。尽管他们学说上反对贵族，生活上还是同样地要依赖贵族的。儒、墨的相争，到此也便是他们的限界了。我们从这上，又可见到“墨”流为“侠”的消息来。

墨子自己是鲁人，他足迹所到，为楚、宋、卫、齐四国；他的游仕弟子，也只限于楚、越、宋、卫、齐五国。至于鲁，虽是墨子宗邦；然以子思、曾子为儒者大师，正见尊礼，儒术盛则墨术绌。同时魏文侯虽贤，然以子夏、田子方、段干木、李克一辈人，均属儒者，故也少墨徒活动的余地。

以上是讲墨徒在政治界上活动的大概。下面是讲墨子弟子的著述事业。

（三）墨子弟子的著述事业

墨子生前，虽讲述了许多道理；但他自身，似乎没有动手著作，这在前面已经讨论过。今《墨子》书里第二组、第四组各篇文字，至少有一部分，或者出自墨子弟子的记述。

第一，其文气和思想，都还带有一种战国初年古朴的情味。墨家后起的新议论，这里绝没有羼入。

第二，其中称引史事，屡云楚、越、齐、晋，正是战国初年的形势；最后也只说到齐康公兴乐，（第二组）和郑子阳弑君，（第四组）都在墨子生前，不像是后人随便的追记。

据此，可证今传《墨子》书的第二组和第四组各篇文字，确是保存着初期墨学的真精神，和墨子当时口说的一种真情味。照理想来，自然应该是墨子弟子当日的记录，故得有此成绩。即使说有再传弟子三传弟子一部分的增订，至少最初蓝本是出于墨子的嫡传弟子，是无疑的。

俞樾在《墨子间诂·序》上说：

> 墨子死而墨分为三：有相里氏之墨，有相夫氏之墨，有邓陵氏之墨。今观《尚贤》《尚同》《兼爱》《非攻》《节用》《节葬》《天志》《明鬼》《非乐》《非命》，皆分上中下三篇，字句小异，而大致无殊。意者此乃相里、相夫、邓陵三家相传之本不同，后人合以成书，故一篇而有三乎？墨氏弟子，网罗放失，参考异同，具有条理。较之儒分为八，至今遂无可考者，转似过之。

这个说法，梁氏的《墨子学案》上也采取了。但是这里面还有几层应该讨论的地方。

第一，韩非所说"墨分为三"，是否便在墨子的死后？

照《显学篇》上文"儒分为八"的例看来，似乎"三墨"不一定是同时并起的，也不一定是在墨子死后便有的。《庄子》的《天下篇》上说：

> 相里勤之弟子五侯之徒，南方之墨者苦获、已齿、邓陵子之属，俱诵《墨经》，而倍谲不同，相谓"别墨"。以坚白同异之辩相訾，以觭偶不仵之辞相应，以巨子为圣人，皆愿为之尸，冀得为其后世，至今不决。

这里面没有相夫氏一家，或者其时还未兴起，或是起而未盛，均未可知。在相里、邓陵分派的时候，已在辩论"坚白""同异"，可见他们俱诵的《墨经》，已是今传《墨子》书里的《经》上下、《经说》上下，并不是《天志》《明鬼》那几篇了。这都可证墨分为三，至少是庄子、惠施以后，桓团、公孙龙的时代才起的，和墨子相去已远。

第二，"墨分为三"的渊源，是否就在今传《尚贤》以下诸篇的异同？

这在《显学》篇里，虽没有明说"三墨"相异的所在；但《庄子·天下篇》是说明白了的，他们是"倍谲不同"，而倍谲不同处是在"坚白同异之辩"的一类。像《尚贤》《尚同》以下诸篇，虽各有上中下三篇，单只是文句的多寡详略，意义上是无大出入的，绝无学派相歧的痕迹。

根据上列论点：

第一，《尚贤》以下诸篇，早在墨子嫡传弟子的手里记述下来；而三墨的兴起，远在庄子、惠施之后。

第二，《尚贤》以下诸篇，并无学说上之异同，亦无坚白同异一类的问题；而三墨则正在坚白同异一类的问题上，发生争执。

试问哪有因为预知将来墨学要在别一种问题上各分三种不同的派别，故尔先在墨子的口述上早为他们记载着详略不同的三种文字的道理？可见俞氏的说法，实在是没有根据的。（近人陈柱《墨学十论》说他"似是而非"，确为有见。）

但是那《尚贤》以下诸篇，为何要分着上中下三篇呢？照我看来，这正是当时说墨家"言多而不辩"的明证。韩非子《外储说左上》篇记着：

> 楚王谓田鸠曰："墨子者显学也，其言多而不辩，何也？"曰："恐人怀其文，忘其直，以文害用也。"

今《尚贤》以下每篇分着上中下三篇，岂不是"言多而不辩"的好证吗？若说《墨经》是墨子手著，那是言简而辩之极了，哪有人再怪他"言多而不辩"呢？在墨家的意思，本来尚用不文。故每一题，先做了一篇提纲挈领陈说大体的文字；还恨意有未尽，恐怕不易得人家的信仰，定要罗列着许多古人的训典，和历史上的事实，以及他人的怀疑和驳论，来引证，来剖辨，来发挥他未尽的旁枝剩义。那意义重复的所在，便也不管了。这是《尚贤》以下诸篇，每题有上中下三篇的所以然。

我又考田鸠即是学于许犯的田系，（论证详后）为墨子三传弟子。那时墨学的论文早已传播，楚王评他"多而不辩"，可见《尚贤》以下诸篇，实在是出于墨子弟子的记述，至多也在墨子的再传弟子手里完成的。所以我径说是墨子弟子的著述事业了。

《汉书·艺文志》，有随巢子著书六篇，胡非子著书三篇，据班氏自注，均说是墨子弟子。但随巢、胡非的名字，不见于《墨子》书，现在也并没有他两人是墨子弟子的确证。《隋书·经籍志》说："巢、非似墨翟弟子。"下语审慎，较为可取。照墨家组织的精神看来，墨子初死，他的嫡传弟子，除却从事于记述或整理墨子生前的言论行事以外，似乎也不致便有自抒己见的著作品。

二　墨家的钜子制度——墨学的正统派

墨子死后不久，墨家组织上，便有一种"钜子"制度的出现。《吕氏春秋·上德篇》说：

> 墨者钜子孟胜，善荆之阳城君，阳城君令守于国，毁璜以为符，约曰："符合，听之！"荆王薨，群臣攻吴起，阳城君与焉。荆罪之，阳城君走，荆收其国。孟胜曰："受人之国，与之有符。今不见符而力不能禁，不能死，不可。"弟子徐弱谏曰："死无益也，而绝墨者于世。"孟胜曰："不然。吾于阳

城君，非师则友，非友则臣也。不死，自今以来，求严师贤友良臣，必不于墨者矣。死之，所以行墨者之义而继其业也。我将属钜子于宋之田襄子。襄子贤者也，何患墨者之绝世邪？"徐弱曰："若夫子言，弱请先死以除路！"遂段头于孟胜前。因使二人传钜子于田襄子。孟胜死，弟子死之者百八十三人。二人已致命，欲反死孟胜于荆。襄子止之，曰："孟子已传钜子于我矣。"不听，遂反死之。墨者以为不听钜子。

这件故事，悲壮已极，真是充满着我上面所说墨家的一种矛盾的精神。他是发生在墨子死后的十年左右。墨家钜子除孟胜、田襄子外，可考见的尚有腹䵍。《吕氏春秋·去私篇》说：

墨者钜子腹䵍居秦，子杀人。秦惠王曰："先生年长，非有他子也，寡人已令吏弗诛矣。"对曰："墨者之法，杀人者死，伤人者刑，所以禁杀伤人也。禁杀伤人，天下之大义也。王虽为之赐，令吏弗诛，腹䵍不可不行墨子之法。"遂杀之。

这也是充满着墨学的矛盾精神的一件悲壮的故事。上距孟胜的死，大约已有四十四年（西历纪元前三八一——三三七）以上。那时腹䵍已老，或者他便是直接着田襄子钜子的传统。此下钜子姓名便不可考。但是《庄子·天下篇》说：

> 相里勤之弟子五侯之徒，南方墨者苦获、已齿、
> 邓陵子之属，相谓"别墨"。以钜子为圣人，皆愿为
> 之尸，冀得为其后世，至今不决。

可见那时墨家钜子的制度还未坏。那辈"别墨"，大约和公孙龙同时，（论证详前）又要在腹䵍以后五十年外。大概墨家钜子的制度，至少维持了百年之久。

梁氏的《墨子学案》有一节说明墨家钜子制度的话，他说：

> 钜子很像天主教的教皇，大约并时不能有两人，
> 所以一位死了，传给别位。但教皇是前皇死后，新
> 皇由教会公举；钜子却是前任指定后任，有点像禅
> 宗的传衣钵。又据孟胜事的末句，有"墨者以为不
> 听钜子"一语，像是当时孟胜那两位传命弟子应否
> 回去死事，成了墨家教会里一个问题。想墨教的规
> 条，凡墨者都要听钜子的号令。（所谓上同而不敢下
> 比）所以新钜子田襄子要叫那二人不死，就说："我
> 现在是钜子了，你们要听我话。"那二人不听，所以
> 当时有些墨者不以为然。即此事见墨学是一种有组
> 织有统制的社会，和别的学派不同。倒是罗马人推
> 行景教，有许多地方和他不谋而合，真算怪事。

梁氏指出墨家钜子制度，根据于他们的"尚同学说"，极为有见。墨家在政治上"尚同"的主张，终算在他学派自身的组织

上，约略的试验过。他们学派里，有公共服从的领袖，有粗略的分财共产制，又有团体内自行的法律，像腹䵍所说，真可说是一种有组织有统制的社会。到后来汉代的游侠，还带着他们的一些遗风。我们可以大概的说，墨家的钜子，是从初期墨学以下一脉相承的正统派。

三　南方墨学的崛起——墨子的再传弟子许行

墨子虽是北方人，他壮年便到过南方，显过特殊的声誉，他晚年又似死在南方的。孟胜似是墨子死后为首第一个钜子，他便在墨子所死的鲁阳，建着悲壮激越的榜样，来鼓荡南方人的心灵。墨学和南方人是有特别因缘的。而且南方人比较上，没有北方贵族阶级制度的束缚，对于墨子平民化的学风，易于领受。墨子死后不久，墨学在南方自由新鲜的空气里，便酝酿出异样的色彩来，这便是本节要讲的墨子的再传弟子许行。

怎样说许行是墨子的再传弟子呢？《吕氏春秋·当染篇》说：

> 禽滑釐学于墨子，许犯学于禽滑釐，田繫学于
> 许犯，显荣于天下。

禽滑釐即禽滑厘，许犯即是许行。春秋时，晋有狐突字伯行，（见《晋语》注）齐有陈逆字子行，（哀十一年《左传》）《晋语》韦昭注："犯，逆也。"《小尔雅·广言》："犯，突也。"把狐突、陈逆名"突""逆"，字"行"之例，就晓得许行是名犯字行了。

《孟子》上说：

> 有为神农之言者许行，自楚之滕，踵门而告文
> 公曰："远方之人，闻君行仁政，愿受一廛而为氓。"
> 文公与之处。其徒数十人，皆衣褐捆屦织席以为食。

这岂不酷肖上文所论一辈初期墨徒的气象吗？他的"并耕主义"，却较墨子思想更为激进。他的"布帛长短同，麻缕丝絮轻重同，五谷多寡同，屦大小同，则价相若"的主张，也自墨团内部那种粗略的分财共产主义上演成的。从许行思想再进一步，便成了庄子一派的无政府主义。同时稍后，齐国的陈仲子和许行遥遥相对，也是一个绝端反对贵族阶级生活的人。

《汉书·艺文志》，墨家有田俅子；《韩非子》《吕氏春秋》《淮南子》，有田鸠。马骕、梁玉绳、孙诒让都以为是一人。据我推想，田俅子即是田繫。照古人名字相应之例说来，《说文》："俅，冠饰貌。"《尔雅·释言》："俅，戴也。"《诗》曰："并服俅俅"，"载弁俅俅"，俅俅大概是指冠上的结饰而言。"繫者，系也。"（见《易系辞·释文》）"以下级上，以末连本之辞。"（见《左氏春秋·序疏》）故名繫，字俅，如秦公子繫字显（通作辄）之例。"鸠"字乃"俅"字之声近而通借。可见田繫即田鸠，学于许行，为墨子三传弟子。他是齐人，或者和陈仲子还有些关系，也未可知。

四 中原墨派的新哲学

一 首倡万物一体论的惠施

初期墨学的动人处，与其说在他的学说，毋宁说在他的行为。南方墨学的真精神，也重在苦行一边，不失墨家面目。他的缺点是：

> 其生也勤，其死也薄，其道大觳，使人忧，使人悲，其行难为。（《庄子·天下篇》）

中原的墨者，吃不来这苦的，口讲着墨家的学说，但早已不能践行墨家的戒律。所以批评的人说：

> 未败墨子道；虽然，歌而非歌，哭而非哭，乐而非乐，是果类乎？（《庄子·天下篇》）

这是说后起的墨徒，虽说没有放弃墨子的理论；但是他们歌了哭了，却还高唱着非歌非哭的论调。这不是诬蔑墨家的。《孟子》书上明明记载着一个墨者夷之，给孟子教训了一顿。说：

> 吾闻夷子墨者。墨之治丧也，以薄为其道。夷子思以易天下，岂以为非是而不贵也？然而夷子葬

其亲厚，则是以所贱事亲也。(《滕文公》上）

这便是哭而非哭的一例。他自己厚葬了父母，还来反对厚葬。从这种趋势的下面，墨学便渐渐转变他的方向。行为是放松了，但是理论上却进步了。惠施便是对墨家新哲学上最有贡献的一个人，便是所谓放松了行为，却进步了理论中的一个代表。

惠施曾相梁惠王，在梁国握着很久的政权，他在政治上极能活动，不像是一个耐苦行的人物。《庄子·天下篇》举惠施历物之意，凡有十条，最后结论是："泛爱万物，天地一体。"胡氏《中国哲学史大纲》上说：

> 泛爱万物，是极端的兼爱主义。墨子的兼爱主义，是根据于"天志"的。墨家的宗教的兼爱主义，到了后代，思想发达了，宗教的迷信便衰弱了，所以兼爱主义的根据也不能不随着改变。惠施是一个科学的哲学家，他曾做"万物说"，说明天地所以不坠、不陷，风雨雷霆之故，所以他的兼爱主义，别有科学——哲学的根据。

惠施和孟子同时，一般人专把"兼爱主义"来看墨学，正在那个时候。照上面所讲，初期墨学的真精神，本不专在"兼爱"的理论上；他学说的真泉源，却是"反贵族"，他们特殊的标记是"苦行"。许行和陈仲，可算是承受了反贵族和苦行的一部。但是反贵族和苦行，不一定要归宿到兼爱的理论上；讲兼爱理论的人，也不一定要归宿到反贵族和苦行上。初期墨学的理论和行为，从此便渐渐的破裂分化了。胡氏所说，在墨家理论的演进一面，实在是阐发得很明白的。

二　创建新心理学的宋钘

墨学进行上最大的阻碍，便在他的不合人情。《庄子·天下篇》说他："反天下之心，天下不堪。"这话是尽人首肯的。于是要努力创建一种新心理学，来弥缝这个缺憾的便是宋钘。宋钘的生活，也还不脱初期墨学"苦行"的精神。《天下篇》上说：

> 其为人太多，其自为太少。曰："情固欲寡，（今误作'请欲固置'）五升之饭足矣。"先生恐不得饱，弟子虽饥，不忘天下。日夜不休，曰："我必得活哉？图傲乎救世之士哉？"

这是说宋钘对于个人的生计问题，是全不理会的。他说："我应该不至饿死罢？我出力救世，世人也应该不至于过分傲慢了救世之士罢？"他把自己的学说：

> 周行天下，上说下教。虽天下不取，强聒而不舍。(《天下》)

这可见宋钘俨然是墨子再世了。《孟子》上说：

宋牼将之楚，孟子遇于石丘。曰："先生将何之？"曰："吾闻秦、楚构兵，我将见楚王，说而罢之；楚王不悦，我将见秦王，说而罢之。二王，我将有所遇焉。"曰："说之将如何？"曰："我将言其不利。"（《告子》下）

宋牼即是宋钘，这和墨子见楚惠王见齐太王说其罢兵，也是一样的精神。所以《荀子》书上屡以墨、宋并称，可见宋钘在墨家中间的地位。倘说墨学是一个宗教，墨子是墨教里的基督，则宋钘也勉强好比做新教首领的路德。因为他阐发墨教教义，能够别创新奇的见解。他以谓墨教教义，并非不近人情，而且是最适合于人心的要求的。他不用初期墨学"天志""明鬼"等等迷信的教训，他要在人的心灵里边指示出墨教教义的真源。《庄子·天下篇》上说他的主张是：

接万物以别宥为始，语心之容，命之曰心之行。以聏合驩，以调海内。情欲寡（今误作"请欲置之"）以为主。见侮不辱，救民之斗。禁攻寝兵，救世之战。

"心之容"和"情欲寡"，是宋钘建筑在心理学上的墨家新哲学的两大标语。

怎样叫"心之容"呢？《荀子·正论篇》里有一段驳击宋钘的话，说：

墨子

> 荣辱之分，圣王以为法，士大夫以为道，官人
> 以为守，百姓以为成俗，万世不能易。今子宋子乃
> 不然，独诎容为己，虑一朝而改之，说必不行矣。

这是说宋钘不知荣辱之见的普遍和悠久，独把诎容受辱算做一己的道，要想来一朝改革天下人荣辱的成见，这是万万不能的。在宋钘的见解，以谓好荣恶辱，并不是人心自然的真相，只有能宽容，能容恕，才是人心自然的真相。所以说："语心之容，名之曰心之行。"心之行，便是心的自然的趋向了。《韩非·显学篇》上也说：

> 夫是漆雕之廉，将非宋荣之恕也；是宋荣之宽，
> 将非漆雕之暴也。

宋荣也就是宋钘。他的恕与宽，便是"心之容"的实现。果然人类能够自己认识自己的心理，晓得自己的心只是一个能诎容、能宽容、能容恕的心，并不和世俗一般人说的心一样，那就有什么荣辱之分，有什么争斗之起呢？墨家教义里面一大部分的教训，单只要叫人明白认识自己的心理的这一面，便自然易于乐从，没有什么困难了。这是宋钘特地指点出"心之容"的一番苦心。

怎样叫"情欲寡"呢？《荀子·正论篇》里另有一段驳击宋钘的话，说：

子宋子曰：“人之情欲寡，而皆以己之情为欲多，是过也。”

这又是宋钘说我们人类把自己的心理看错了。本来人的情欲，只要向少的方面走；而人类自己看错了，以为自己的情欲是要朝着多的方面走的。倘使人人能够认明自己的情欲，实在只要少一些，并不是要多一些，则墨家教义里面那一大部分的教训又很易使人乐从，没有什么困难了。这是宋钘特地指点出“情欲寡”来的一番苦心。

人类的心理，一方能够诎容，一方又能欲寡，我们试想一想，人类社会的组织，要不要发生极大的变化？那一种奢侈的礼乐，残酷的争斗，不自然的上天下泽的阶级制，还有存在的必需吗？还有存在的可能吗？那一种“节葬”“节用”“非乐”“非攻”“尚贤”“兼爱”的主张，还要墨家来力竭声嘶的叫喊吗？还用得到“天志”“明鬼”等等的说法，来劝诱和威吓吗？不近人情的墨学，宋钘要把他来栽根到人们心坎的深处，使他可以自然的发荣滋长。墨家中间出了一个宋钘，不能不说他是有一番聪明底努力的。

但是人们能够诎容，能够不要多，消极方面是可以解免了许多人世间无谓的争执和营求，积极方面却又不能鼓励人们去劳作和苦行。劳作和苦行，到底是初期墨学重要的面相之一部，宋钘自己，还能保存着这一部的面相；可是他那种新心理学，便开出了老子哲学的“慈”和“俭”，又加上了一个“不敢为天下先”，便和初期墨学“劳作苦行”的精神绝然不同了。我们再

墨子

试想一想，人们果然能诎容，能欲寡，还是"苦行劳作"的更合自然呢？还是"不敢为先"的更合自然呢？做《老子》书的是一个聪明人，他便毅然决然的教人不要先而为后了。我们看墨学的流变上，到底还摆脱不掉那初期墨学的一种矛盾性。（本节定《老子》书尚在宋钘以后，别有根据，在此恕不详及。）

和宋钘同时的还有一个尹文，他们学说相类。《公孙龙子·跡府篇》，《吕氏春秋·正名篇》都说及尹文论"见侮不辱"之义。《说苑·君道篇》说及尹文论"无为容下"之义。《庄子·天下篇》也把宋钘、尹文并称。《汉书·艺文志》把他的著作列入名家，和惠施、公孙龙同归一流。可见当时宋钘、惠施两派墨家的新哲学，实在中间有互通之点。可惜现在他们的著作多已亡佚，无可详论了。

五　辩者和别墨

惠施、宋钘，都竭力想把墨学的理论改造得圆满，结果，思想是益发精眇了，那初期墨学的一种苦行劳作的真精神，却终于无法维持而衰歇了。尤其是惠施，他在政治界上的地位，和他妙辩无碍的口才，招惹到人们热烈的兴趣，此后遂有"辩者"和"别墨"的发生。

《庄子·天下篇》上说：

　　惠施以此（指上文历物之意）为大，观于天下，而晓辩者；天下之辩者相与乐之。

可见当时妙辩的风气，是惠施开的端。又说：

> 辩者以此与惠施相应，终身无穷。桓团、公孙
> 龙辩者之徒，饰人之心，易人之意，能胜人之口，
> 不能服人之心，辩者之囿也。

原来"辩者"原于惠施，惠施之辩原于墨义。墨子创教，在其自身便充满着一种极深刻的矛盾性。到后来，惠施和那一辈"辩者"，从墨家的"苦行"中解放出来，专在"兼爱主义"的理论上着力，却不期仍逃不出那矛盾性的范围，到底还是"胜人之口，不能服人之心"，不又是一个极显著的矛盾吗？初期墨学的"苦行劳作"，果然是"反天下之心，天下不堪"，便是那"辩者"之辩，在兼爱哲学上的发挥，也只是"饰人之心，易人之意"的不合人情。这一点真可说是墨家始终不渝的特性。

那后起"辩者"中间最著名的自然是公孙龙。公孙龙辩论中间最著名的便是"白马非马"。那"白马非马"一个问题便是一种矛盾性的象征。原来"白马非马"本源也从"兼爱论"来。《公孙龙子》的《跡府篇》上说：

> 楚王丧其弓，左右请求之。王曰："止。楚人
> 遗弓，楚人得之，又何求乎？"仲尼闻之曰："楚王
> 仁义而未遂也，亦曰人亡弓人得之而已，何必楚？"
> 若此，仲尼异楚人于所谓人。夫是仲尼异楚人于所
> 谓人，而非龙异白马于所谓马，悖。

可见"白马非马"的问题，便是一个"异楚人于所谓人"的问题。有白马不能便说有马，专爱楚人也不能便说爱人，从此一拐，便到"兼爱"的路上。《墨经》上有一条说："仁，体爱也。""兼"是全体，"体"是部分，在《墨经》里是如此分别的。这是说"仁"只是部分的爱，与"兼爱"的爱不同。儒家讲"仁"，墨家讲"兼爱"，儒家主从部分推及他体，墨家以为全体的爱和部分的爱性质上根本不同，不能推类相及的。"爱无差等"这一句话，墨者夷之也早和孟子说及了。公孙龙"白马非马"的问题，本来是墨家兼爱主义的新哲学上一个重要的剖辨，偶然拾到一个譬喻，说爱楚人不能就说是爱人，好比有白马不能就说有马。这是何等平常的一句话？可是兼爱的灵魂早已失去了，初期墨学那种感人心动惹人血沸的热忱，早已死灭了。要从理论上来讲兼爱，人家早就无兴趣来理会你，你勉强的拾到一个动听的譬喻来引起人们的注意，厌倦无聊的人们便把这一个问题来和你纠缠。他们不愿意和你辩"兼爱"和"体爱"，他们却高兴同你讨论白马究竟是不是一只马。善辩的公孙龙，便从这问题上辩开去，居然哄动一时，成就他一辈子"辩者"的徽号，可是兼爱的哲理永久搁在脑后了。据我看来，"辩者"和墨学的关系，便是这样的。

有白马不能就说是有马，好比爱楚人不能就说是爱人。换句话说，没有一只白马，不一定就是没有马，譬如不爱一个具有特殊性质的人，也不一定便是不爱人。这也是兼爱论上一个重要的剖辨。这在《墨子》的《小取篇》也明白说过：

获之亲，人也，获事其亲，非事人也。其弟，美人也，爱弟，非爱美人也。车，木也，乘车，非乘木也。船，木也，入船，非入木也。盗人，人也，多盗非多人也，无盗非无人也。奚以明之？恶多盗，非恶多人也。欲无盗，非欲无人也。世相与共是之。若若是，则虽盗人人也，爱盗非爱人也，不爱盗非不爱人也，杀盗非杀人也，无难矣。

墨家讲兼爱，厌倦无聊的人们，不免要起诘问，说："你们讲兼爱，盗贼也爱吗？你们也要杀盗贼，哪见是兼爱呢？"墨家答道："盗人人也，不爱盗非不爱人也，杀盗非杀人也。"这一个辩论，比较还像是严正的，但是羼加了一些譬喻，说：

狗，犬也，而杀狗非杀犬也，可。（《墨经》下）

便近似诡辩了。惠施、宋钘又恰巧是爱用譬喻的人。相传惠施有一段极有趣的故事，在《说苑》的《善说篇》上说：

客谓梁王曰："惠子言事善譬，王使无譬，则不能言矣。"王曰："诺。"明日，谓惠子曰："愿先生言事，直言无譬也。"惠子曰："今有不知弹者，曰：弹之状何若？曰：弹之状如弹。喻乎？"曰："未喻也。"曰："弹之状如弓，而以竹为弦，则知乎？"王曰："知矣。"惠子曰："夫说者，固以其所知喻

墨子

所不知，而使人知之。今王曰无譬，则不可矣。"王
曰："善。"

可见惠施是一个爱用譬喻的人。荀子批评宋钘，也说他：

　　率其群徒，辨其谈说，明其譬称。(《正论》)

可见宋钘也是一个爱用譬喻的人。墨家本来带有一种平民化的
精神，他们的理论都是极通俗的。到惠施、宋钘手里，才有新
哲学的创建，但也不忘了初期墨学一种通俗化的意味。他们都
爱用一般平民社会尽人所知的譬喻，来讲他们高深的哲理。后
人误会了，说惠施是诡辩派，宋钘是小说家，真是无可奈何
的事！

　　至于那辈当时见称为"辩者"的中间，像公孙龙，他和燕
昭王、赵惠王都曾讨论过"偃兵"的问题，可见他确是一个宣
传墨义的人。其他自然也难免有逐末忘本，"诱其名，眩其辞而
无深于其志义"（语见《荀子·正名篇》）的，但是他们渊源于
墨徒，他们的论题，莫非从兼爱主义的新哲学上栽根，至少他
们可说是墨徒的末流。

　　"别墨"和"辩者"的关系又是怎样的呢？《庄子·天下
篇》上说：

　　相里勤之弟子，五侯之徒，南方之墨者，苦获、
已齿、邓陵子之属，俱诵《墨经》，而倍谲不同，相

谓"别墨"。以坚白同异之辩相訾，以觭偶不仵之辞
相应，以巨子为圣人，皆愿为之尸，冀得为其后世，
至今不决。

这是"别墨"一名的出处。胡氏《中国哲学史大纲》第八篇讨
论到这一节，他说：

> 《墨经》不是《经》上下、《经说》上下、《大
> 取》《小取》这六篇，乃是墨教的经典，如《兼爱》
> 《非攻》之类。后来有些墨者虽都诵《墨经》，虽都
> 奉墨教，却大有倍谲不同之处。这些倍谲不同之处
> 都由于墨家的后人，于宗教的墨学之外，另分出一
> 派科学的墨学。这一派科学的墨家所研究讨论的，
> 有坚白同异觭偶不仵等等问题。这一派的墨学与宗
> 教的墨学自然倍谲不同了。于是他们自己相称为"别
> 墨"（原注："别墨"犹言"新墨"，柏拉图之后有
> "新柏拉图派"。近世有"新康德派"，有"新黑格尔
> 派"。）"别墨"即是那派科学的墨学。他们所讨论的
> 坚白之辩同异之辩，和觭偶不仵之辞，如今的《经》
> 上下、《经说》上下、《大取》《小取》六篇，很有
> 许多关于这些问题的学说。所以我以为这六篇是这
> 些"别墨"的书。

后来梁氏在《墨经校释》里对于胡氏这层见解加以批驳，他主

张《墨经》即《经》上下、《经说》上下诸篇，他说：

> 明明有《经》两篇，必指为非经，而别求经于
> 他处，甚无谓也。

这确是胡氏的错处。而且那时的所谓"经"，并没有像后世所谓
"经典"之意。"因传而有经之名，犹之因子而立父之号"，章实
斋早已说过。(《文史通义·经解》上)《墨经》只是因其有《说》
而名，哪能作墨教的经典解呢？梁氏又说：

> 《庄子·天下篇》谓其同出于《墨经》而倍谲不
> 同，互相谂以"别墨"，"别墨"者言非墨家之正统
> 也。胡氏读"相谓"为"自谓"，大非宜。

这也是胡氏错了。《庄子》说的倍谲不同是"别墨"中间自己的
不同，并不是"别墨"和初期墨学的不同，哪能说是科学派墨
学和宗教派墨学的倍谲不同呢？我们现在可以断定的是：

一、墨家的分裂，互以"别墨"相谂，在《墨经》行世之后。

二、《墨经》并非墨翟或墨学初期的产品，他是代表着墨
家后起的新哲学的。

"别墨"和《墨经》的关系，算是解决了，惠施、公孙龙
是不是"别墨"呢？梁氏说：

> 施、龙辈确为"别墨"，其学说确从《墨经》衍

出，无可疑也。然断不能谓《墨经》为施、龙辈所作。

我看这几句话，都有些靠不住。"别墨"一个称号的来源，据《庄子》说是有两点：

一、俱诵《墨经》而倍谲不同。

二、以巨子为圣人，皆愿为之尸，冀得为其后世。

因为各争巨子的正统，而所持的理论不同，所以相争不决，互诮以"别墨"。这正如汉代儒生或治《公羊春秋》或治《穀梁春秋》而争立博士是一样的。他们所持理论的依据，只在《墨经》里面，而《墨经》的产生，决不能在惠施以前。因为惠施是首启妙辩之风的人，（论据详前）至多只能说《墨经》里的问题，多受了惠施的影响，不能说惠施是剿袭或根据了《墨经》里的问题来和人家辩难。或者竟说现在的《墨经》有一部分还是惠施的作品，也未见不可。那么后来的墨徒根据了《墨经》，自分派别，互诮以"别墨"，哪能把《墨经》思想所由来的惠施，也倒拖着拉入"别墨"的队伍里去呢？至于公孙龙，那是当时所谓"辩者"之徒的一人，闻惠施之风而起，辈分在惠施之后，或者那时已有《墨经》，也未可知，他或者已经根据了《墨经》里的问题来和别人辩难而相诮以"别墨"，也未可知。但是也还有可疑之点。一则《庄子》上明说过"别墨"是相里勤之弟子五侯之徒，和南方之墨苦获、已齿、邓陵子之属，公孙龙赵人，决不是南方之墨，又没有证据说他是五侯之徒，他和桓团诸人，当时目为"辩者"，却不称他是"别墨"。而且"别墨"之称，是在争巨子的正统上起的，惠施、公孙龙都在政治界活动，他们并不像要来争墨家巨子的衣钵。巨子是墨家内部一脉相承很有系统的传授，我疑心当时那辈正统派的墨徒，有心争巨子的传统的，他们虽然也采取了兼爱主义里的新兴思想和一辈"辩者"间盛行的问题，来装缀他们的门面，表示他们的时髦，他们一定有许多地方不能绝然脱离初期墨学的一点气象，但是在惠施、公孙龙身上，似乎找不出一些痕迹来。所以我疑心即使在公孙龙时代，已有所谓"别墨"，而公孙龙却不一定是别墨里边的一个。这正如西汉后来的儒者，尽多有超然在博士和博士弟子以外的，也尽多有超然在家派师法的传统以外的一样。而况在公孙龙时代别墨已否兴起，还可成为问题呢？照上面讲来，与其说公孙龙是别墨，还不如说他不是别墨的较为稳妥。胡氏说："《墨经》是施、龙时代的产品"，这是不错的，他因为认定施、龙自身便是"别墨"，所以说《墨辩》即别墨所作"；而谓"《墨经》不是《墨辩》"，这是大错了。梁氏把"别墨"和《墨经》分析着讲，这是不错的，因为他也误认施、龙是别墨，所以他说《墨经》决非施、龙时代的产品，"尚应在施、龙之前"；于是遂定为墨翟所手著，这又是大错了。他们俩共同的错误，只在认施、龙即是"别墨"。他们俩理想中的别墨兴起时代，似乎都太早了些。

六　墨学的衰亡

胡氏《中国哲学史大纲》上说：

> 墨学当韩非时还很盛，所以《韩非·显学篇》
> 说："世之显学，儒、墨也。"韩非死于秦始皇十四
> 年，到司马迁做《史记》时，不过一百五十年，那
> 时墨学早已销灭，所以《史记》中竟没有墨子的列
> 传，《孟荀列传》中说到墨子的只有二十四个字。那
> 轰轰烈烈与儒家中分天下的墨家何以销灭得这样
> 速？其中原因固然很复杂，我们可以悬揣的是：
> 第一，由于儒家的反对。
> 第二，由于墨家学说遭政客之猜忌。
> 第三，由于墨家后进的诡辩太微妙了。

胡氏的三种理由，颇可代表一般学人的见解。但是据我看来，
这并不能说是墨学衰亡的真原因。

《老子》的书上说："功遂身退天之道。"初期墨学的精神，
本来是发生在反对贵族阶级的特殊生活的，秦人一统，废封建
而行郡县，贵族世袭的制度，从此消灭，社会上从此更没有贵
族、平民两个绝相悬殊的阶级，那墨子的学说，早已在功成身
退之例，应该消灭了。这不徒墨学为然，即先秦的儒学，又何
尝不是如此？那好说汉武表章六经，便是先秦儒学的传统呢？

汉代的经学，也早已不是先秦的儒学，何尝是儒家得势，所以墨家遂压迫而消止的呢？

而且初期墨学的真精神，那一种苦行劳作的精神，到后进的诡辩派手里，也早已消亡了。严格说来，诡辩的兴起，已是墨学亡了后的事，哪里是诡辩太微妙了，墨学才消灭的呢？

至于招政客的猜忌，则儒、墨两家同为韩非一辈人所攻击，何以墨学便因此而消灭？而且墨家在政治界上活动的，也不乏其人，并不能把墨家专看作和政客截然敌对的惟一学派罢。

一个学派，整个的在某一时期里兴起了，又整个的在某一时期里消灭了，这本来是一件稀有的事，也本来是一句粗略的话。许行高唱着"君民并耕""物价均一"的口号，人家说这是农家兴起了。宋钘上说下教的传他"心容""欲寡"的道，人家说这是小说家完成了。尹文、惠施、公孙龙大讲他们新鲜的玄理，人家说这是名家盛行了。庄老著书，提倡"无治主义""节俭主义"等等，人家说道家又在那里开始了。本来墨家早已寂寞得无声无臭，除却孟胜、田襄子、腹䵍那几个若存若亡的姓名以外，哪里找得到有墨家的影踪呢？何尝是"杨、墨之言盈天下"，何尝是儒、墨为"世之显学"呢？纵有其人其事，墨学之在当时，只好算是群蚊成雷，以多为胜，谁是墨学中间有名的豪杰呢？墨学的消灭，何尝要等到韩非死后的时代呢？本来思想学术是公开的，不能一家一派把持着专卖的；农家、小说家、名家、道家早已做了墨家的代售处分发所了。墨家的东西，自有一部分是推销很广的，哪里便会消灭？便是反对墨家最烈的孟子，他不是把墨子的"非攻主义"无条件的接受认销了吗？

我们要把古人的学说，和他分家别族，这不是容易的，要把他划分生灭的年代和时期，这又不是容易的。我把许行、陈仲、宋钘、尹文、惠施、公孙龙、庄周、老聃都讲入墨学的范围里去，这自然是一件惹人奇怪的事，而且是已经有许多人在那里热烈争辩的事。其实只是两句似异而实同的话。一句话是："墨子死了，墨学亡了，便有另一家的学说起来。"一句话是："墨子死了，墨学变了，便有另一派的说法出来。"我是赞成后一说的，并不愿和主张前一说的争辩，只在此表明了我的态度，叫读者省一些怀疑。

　　但是墨学是根本上含着一种深刻而伟大的矛盾性的。他在行为的形式上，因为反乎人情，所以不得不变，变向思想一面去；但是他在思想的形式上，又是一个反乎人情，又是不得不变，到后来变得不成一个样子，所以人家到底说墨学消灭了。

　　墨学是因他自身的一种深刻的伟大的矛盾性而消灭了。墨学中间可保留的东西，他家都代他保留着。他自身的转变，一方面成为先秦晚年名家末流的诡辩学者，另一方面是西汉初年社会上时撄文网的游侠。诡辩家因学者间的激烈反对而销亡了，游侠因政治势力的诛锄而破灭了。于是墨学只好说是衰亡了，消灭了。到现在，墨子当时所感受的一种时代性，有一部分是复活了，墨学的精神又受到人们的注意。但是不要忘了那墨学自身内部所含的那种深刻而伟大的矛盾性！

七　墨者年表

西历纪元前三八一年	吴起死于楚。	墨者钜子孟胜死难，传巨子于田襄子。
三七〇年	梁惠成王元年。杨朱见梁王论政，未定在何年。秦孝公元年。卫鞅入秦。	
三五一年	申不害相韩。	
三三八年	秦孝公卒。商君死。尸佼逃蜀。	
三三七年	秦惠文王元年。申不害卒。	墨者钜子腹䵍在秦，不定在何年。
三三四年	齐、魏会徐州相王。	惠施用事于魏。
三二九年	孟子游宋，当在此年前后。	墨者夷之与孟子辩，不定在何年。告子与孟子论性，不定在何年；告子曾游墨子门。
三二八年	宋君偃称王。	
三二二年	孟子自宋过薛归邹之滕。张仪相魏。	许行至滕在此时。惠施去魏至楚，楚送之至宋。惠施与庄周相晤论学，约在此三年中。
三二〇年	孟子游梁。	
三一九年	齐宣王元年。兴稷下，不定在何年。梁惠成王卒。孟子去梁游齐。	宋钘、尹文游稷下，不定在何年。尹文见齐宣王论政，不定在何年。惠施返魏。

三一八年	五国共击秦。	惠施为魏使楚。与南方倚人黄缭论天地风雨雷霆，或在此年。
三一六年	燕王哙让国子之。荀卿游燕在此稍前。齐伐燕，匡章为将。	惠施使赵，请伐齐存燕。匡章与孟子论陈仲子，不定在何年。
三一三年	张仪欺楚绝齐。屈原见疏。	
三一二年	秦败楚师，取汉中。孟子去齐。孟子遇宋牼于石丘。	
三一一年	秦惠文王卒。	田鸠见秦惠王不定在何年。墨家钜子腹䵍在秦惠王所，亦不定在何年。秦墨者唐姑果妒东方墨者谢子于惠王，不定在何年。
三一〇年	张仪卒。	惠施卒在前。庄周犹在。
三〇〇年	齐湣王元年。	尹文与齐湣王论士，不定在何年。
二九六年	赵灭中山。	司马喜难墨者师于中山王前以非攻，应在前。中山公子牟为公孙龙辩护七事应在后。
二八六年	齐湣王灭宋。荀卿去齐之楚，在此二年。慎到、田骈同时去齐。	
二八四年	燕昭、乐毅破齐。	公孙龙说燕昭偃兵在此后。
二七九年	燕昭王卒。齐襄王五年，杀燕将骑劫。齐重修稷下列大夫之缺，荀卿反齐为祭酒，当在此时稍后。田骈之属皆已死。	公孙龙去燕至赵，说赵惠文王偃兵在此后。庄周卒至晚在此时，或前十年间。

二六四年	齐王建元年。荀卿游秦，约在此时。	赵威后问齐使："於陵仲子尚存乎?"不定在何年。陈仲子若尚在，寿应八十外。
二五七年	赵邯郸围解。荀卿与赵孝成王论兵，当在此时稍后。	公孙龙劝平原君勿受封。辩者桓团同客平原君所，不定在何年。邹衍与公孙龙辩于平原君所，应在此时稍后。
二五一年	平原君卒。	公孙龙卒当略同时。
二四九年	吕不韦相秦。	
二四七年	李斯游秦，为吕不韦舍人。	
二三五年	吕不韦死。	
二三三年	李斯谮杀韩非。	
二二一年	秦初并天下。李斯为丞相。	
二一三年	李斯奏请焚书。	
二一二年	坑诸生犯禁者四百六十余人，后益谪发徒边。	
二〇八年	李斯诛死。	
二〇七年	秦亡。	

按：表中年代，和旧说间有不同，别具考订，均详余著《诸子系年》。

惠施公孙龙

目　录

惠施传略 / 77

惠施年表 / 84

惠施历物 / 87

惠学钩沉 / 92

公孙龙传略 / 104

公孙龙年表 / 110

公孙龙年表跋 / 112

公孙龙子新解 / 115

　　序 / 115

　　白马论 / 116

　　指物论 / 122

　　通变论 / 126

　　坚白论 / 138

名实论 / 147

跟府　附 / 151

公孙龙七说 / 158

辩者言 / 168

名墨訾应辨 / 186

再辨名墨訾应 / 189

坚白盈离辨驳议 / 191

惠施传略

　　惠施，宋人[①]。与庄子友善。"其学多方[②]，其书五车。历物之意曰：'至大无外，谓之大一；至小无内，谓之小一。无厚不可积也，其大千里。天与地卑，山与泽平。日方中方睨，物方生方死。大同而与小同异，此之谓小同异；万物毕同毕异，此之谓大同异。南方无穷而有穷。今日适越而昔来。连环可解也。我知天下之中央，燕之北越之南是也。泛爱万物，天地一体也。'施以此为大，观于天下，而晓辩者，天下之辩者，相与乐之，与施相应；而施之口谈，自以为最贤，曰：'天地其壮乎！施存雄而无术。'[③]南方有倚人焉，曰黄缭，问天地所以不坠不陷，风雨雷霆之故。施不辞而应，不虑而对，遍为万物说；说而不休，多而无已，犹以为寡。然其言反人，与众不适，

---

　　① 见高诱注《吕氏春秋·淫辞篇》，又成玄英《庄子疏》。

　　② 以下一节均见《庄子·天下篇》。

　　③ 此惠施自言惟天地之壮大，虽欲胜之而无术也。

众惟以善辩名之。"① 虽庄子亦不谓然也，曰："子外乎子之神，劳乎子之精，倚树而吟，据槁梧而瞑。天选子之形，子以坚白鸣。"② 又曰："非所明而明之，以坚白之昧终。"③ 以此为施深惜。然庄子极重施，施卒，庄子过其墓，顾叹谓从者曰："自夫子之死也，吾无可与言者矣！"④ 其见推如此。今其书均不传；《汉书·艺文志》名家有《惠子》一篇，今亦佚。观其历物之意，渊源盖自墨者也。

施游梁，见白圭，说之以强，白圭无以应。施出，白圭告人曰："新妇至，宜安矜烟视媚行。今惠子之遇我尚新，其说我有太甚者。"施闻之，曰："不然！《诗》曰：'恺悌君子，民之父母。'父母之教子也，不待久，何乃比我于新妇乎？"⑤ 白圭因短之于梁惠王，曰："惠施之言虽美，无所可用。"⑥ 施为惠王定法，示诸先生⑦，诸先生皆善之；献诸王，王亦善之；以示翟

---

① 以上均见《庄子·天下篇》。可以见惠施学说大体，故备录之。亦间有评论失实处，则加删薙焉。

② 见《庄子·德充符》。

③ 见《庄子·齐物论》。

④ 见《庄子·徐无鬼》。

⑤ 见《吕氏春秋·不屈篇》。白圭盖当事于魏，而惠子为新进，然其气概，则已凌厉无前也。

⑥ 见《吕氏春秋·应言篇》。

⑦ 《吕氏春秋·淫辞篇》作"示诸民人"，旧校云："一本作良人。"俞樾云："《序意篇》'良人请问'高注：良人，君子也。《淮南》作'示诸先生'良人即先生也。"

今按：惠子虽渐见用事，犹为新进，故以示诸先生也。

　　　　　　　　　　　　　　　　　　　　惠施公孙龙

翦①，翟翦曰："善而不可行。"②然王益信施。客有谓王曰："施之言事也善譬。王使无譬，则不能言矣。"王曰："诺。"明日谓施曰："愿先生言事则直言耳，无譬也！"施曰："今有不知弹者，曰：弹之状何若？应曰：弹之状如弹。则喻乎？"王曰："未喻也。""于是更应曰：弹之状如弓而以竹为弦。则知乎？"王曰："可知矣。"施曰："夫说者固以其所知喻其所不知而使人知之。今王曰无譬，则不可矣。"王曰："善。"③

施既见亲信，而梁惠王败于齐，太子申见杀④，王召施而问焉，曰："夫齐，寡人之雠也，怨之至死不忘。国虽小，吾常欲悉起兵而攻之，何如？"施对曰："不可。臣闻之，王者得度而霸者知计。今王所以告臣者，疏于度而远于计。王固先属怨于赵，而后与齐战。今战不胜，国无守战之备，王又欲悉起而攻齐，此非臣之所谓也。王不如因变服折节而朝齐。"王曰："善。"乃使人报于齐，愿臣畜而朝，田婴遂内魏王而与之并朝齐侯再

---

① 《御览》六二四引《淮南》作翟璜，璜乃在文侯朝，《御览》误也。
② 见《吕氏春秋·淫辞篇》，又《淮南·道应训》。
③ 见《说苑·善说篇》。《说苑》记载多疏谬，而此事于理为可有。惠施历物，言虽吊诡，皆弹状如弓而以竹为弦，喻也。以可见惠施立言大旨，故采之。
④ 按：此在惠王之二十七年，详余《诸子年表》。

三。^① 至梁惠王后元元年，梁、齐会徐州相王^②，惠施为主谋，遂开六国称王之局。齐人匡章责之曰："公之学去尊，今又王齐，何也？"施曰："今有人于此，欲必击其爱子之头，而石可以代之。今王齐，而寿黔首之命，免民之死，是以石代爱子头也。"^③ 时惠施既相梁^④，梁王请令周太史，更著其名^⑤，比于管仲，名曰仲父^⑥。且欲传国焉，曰："上世之有国，必贤者也。今寡人实不若先生，愿得传国！"施辞，王又固请^⑦。其尊宠施益甚，匡章毁施于王前曰："蝗螟，农夫得而杀之，奚故？为其害稼也。今惠施出，从者数百乘，步者数百人；少者数十乘，步者数十人。此无耕而食者，其害稼甚矣！"王谓施曰："子亦言其志！"施曰："使工女化而为丝，不能治丝；使大匠化而为木，

---

① 见《魏策二》，本文云："惠子谓惠王曰：王若欲报齐，则不如因变服折节而朝齐，楚王必怒，王游人而合其斗，则楚必伐齐，是王以楚毁齐也。"

今按：惠施墨徒，主偃兵泛爱，恐不为此纵横变诈之术。徐州相王之翌年，楚遂伐齐，犀首谓梁王曰："何不阳与齐而阴结于楚？二国恃王，齐、楚必战。齐胜楚而王乘之，必取方城之外；楚胜齐而与乘之，则太子之雠报。"见《魏策一》。据此则齐、楚徐州之役，本非梁之游人合斗，兹故削去不著。

② 《史记·六国年表》误作襄王元年。兹据《纪年》，详余《诸子年表》。

③ 见《吕氏春秋·爱类篇》。

④ 《说苑·杂言篇》"梁相死，惠施渡河而溺"云云，又《庄子·秋水篇》"惠子相梁，庄子往见之，惠子搜于国中三日"云云，皆类闾巷细人之谈，均不足信。

⑤ 见《吕氏春秋·不屈篇》。

⑥ 见《吕氏春秋·不屈篇》高注。

⑦ 见《吕氏春秋·不屈篇》。不晓其事信否。然当时儒者竭力推崇尧舜，燕王遂真传国于相子之，则其时自有此一种风气也。

不能治木；使圣人化而为农夫，不能治农夫。施治农夫者也，何事比于腊螟哉？"①惠王信之终不辍。尝令施之楚，令犀首之齐，施因令人先之楚言曰："魏王令二子者出，将以测交也。"楚王闻之，郊迎施②。施又为韩、魏交，令太子鸣质于齐。③

其后张仪至梁，欲以秦、韩与魏之势伐齐、荆，而惠施欲以齐、荆偃兵。群臣左右，皆为张仪言。王果听张仪④，施见逐之楚，楚王受之。冯郝曰："逐惠子者，张仪也；今王受之，是欺仪也。宋王之贤惠子，天下莫不知，王不如奉惠子而纳之宋！"楚王曰："善！"乃奉施而纳之宋。⑤时梁惠王之后元

---

① 见《吕氏春秋·不屈篇》。知惠子虽治墨道，其生活盖与墨翟、禽滑厘不同矣。

② 见《魏策二》。《周季编略》列此事于魏襄王元年五国攻秦之后，按其说无据。此云"将以测交"，当在惠王时，齐、楚徐州相争之后也。

③ 见《魏策二》。

按：《史记·孟尝君列传》，田婴使于韩、魏，韩、魏服于齐，婴与韩昭侯、魏惠王会齐宣王东阿南。据《索隐》引《纪年》，是年乃惠王后元十一年，当齐威王时，作平阿。与《魏策》朱仓请说婴子曰："魏王年长矣，今有疾，不如归太子以德之"云云，情事正合。其明年又会陘。在齐田婴主之，在魏惠施主之，惠子盖始终主亲齐也。

④ 见《魏策一》，又《韩非子·内储说上》。《周季编略》列此于魏襄王元年，且云魏听惠施言遂不合于秦，均误。

⑤ 见《楚策三》。

十三年也。[1] 遂与庄子交游。

及惠王薨子襄王立，张仪去，惠施重至魏[2]。将葬惠王，天

---

①《周季编略》列惠施见逐于魏襄王九年，非。《吕氏春秋·不屈篇》云："惠王布冠而拘于陻。齐威王几弗受，惠子易衣变冠乘舆而走，几不出乎魏境。"是谓惠子去魏，在齐、魏会陻之后也。陻会据《史记》在徐州相王之前一年。然如《吕览》之说，惠施为齐见逐，无缘明年即有惠施主谋两国会徐州相王之事。今考会陻在惠王后元十三年（见《孟尝君传·索隐》引《纪年》），魏、齐自为好会，无布冠而拘之事；惠子正以主亲齐而见排于张仪，亦非见逐于齐也。

又《不屈篇》云："惠子之治魏，当惠王之时，五十战而二十败，大将爱子为禽，大术之愚，为天下笑，得举其讳，乃请令周太史更著其名。围邯郸三年而弗能取，天下之兵四至，谢于翟翦，更听其谋，社稷乃存"云云，以魏惠十七年围赵邯郸为惠施相魏后事。细按其说，亦非也。惠子为相，年事当逾三十，下至周赧王元年，齐破燕，惠子为魏使赵，凡四十年，惠子之寿当跻八十，未必再为魏效奔走，可疑一也。且据原篇叙惠施见白圭事，则惠施用事当在白圭之后，《六国年表》惠王二十七年丹封，余疑丹即白圭。若然，则其时白圭正当路，惠施不应先十年便已为相，可疑二也。谓恐天下笑之而令周太史更著其名，无此情理，可疑三也。惠子墨徒，常主偃兵，马陵之后，劝王折节而朝齐，且曰"王固先属怨于赵"云云（见《魏策》，详上引），见伐赵非出惠子，可疑四也。惠子见逐在惠王后元十三年，其至魏当在惠王二十七八年马陵败后，或即在徐州会前一二年，前后约得十五六年，较为近情；若依吕氏书，惠施在魏，为政治上之活动者三十年，魏既迭经败衄，而惠王与相终始，尊信之不稍衰，有逾后世汉先主、宋神宗远甚，可疑五也。《吕氏》书成于众手，《不屈》一篇，盛毁惠施，因谓惠王之世，五十战而二十败，尽以为惠施之罪，吾窃疑其诬也。

②《史记·魏世家》，襄王卒，子哀王立，张仪复归秦。哀王元年，五国共攻秦。

按：襄王卒乃惠王，哀王立乃襄王，则张仪于惠王之死即去魏，故明年魏即与五国攻秦也。惠施重至魏，当在惠王卒年张仪去后。《张仪传》云：襄王卒，哀王立，张仪复说哀王，哀王不听，于是张仪阴令秦伐魏。与《世家年表》相舛，盖误。《周季编略》据《仪传》，因谓魏信惠施，故不听仪策。遂下移惠施见逐于魏襄九年。今据《魏世家》更定。

大雨雪，群臣谏太子莫能得，以告施。施驾而见太子，太子为之弛期更日焉。① 其明年，五国伐秦，不胜，魏欲和，使施至楚。② 其后四年，当魏襄王之五年，齐破燕，楚、魏憎之，施复与淖滑使至赵。③ 时田需贵于王，施告之曰："必善左右！今子虽自树于王，而欲去子者众，则子必危矣！"④ 是后施遂卒，不复见。⑤

论曰：惠施虽笃学，其政事亦可观，能行其意。相惠王，主亲齐、楚以偃兵，梁惠晚节，多赖匡辅。王亦排众议而信施，不可谓非贤王也。卒听张仪，君臣隙末，惜哉！时宋偃王行仁义，重好惠施，顾施不安于宋，其殆如孟轲之于滕君耶？襄王虽长主，未能用贤，犀首、田文相进退；观施之告田需，知其忧魏者深矣。要为异于三晋权诈之士也。史迁既不详其事，后人于施多讥评，余故列表其志节焉。至其论学之意，余当别著，兹不论。

———————

① 见《魏策二》，又《吕氏春秋·开春论》。详二书云："群臣皆不敢言，而以告犀首，犀首曰：吾未有以言之也，是其惟惠子乎？请告惠子！"知惠子其时不为魏相也。

② 见《楚策三》。《策》文明云五国伐秦，《周季编略》谓是赵、韩、魏，误也。若诚为三国伐秦，杜赫何以谓"凡为伐秦者楚也"之云哉？

③ 见《赵策三》。

④ 见《魏策二》。《周季编略》列田需、公孙衍相倾，田文相魏于周显王四十五年，即梁惠王之后元十一年。

今按：其时惠施犹用事，田婴封薛犹在二年后（详余《诸子年表》）。岂有田文相魏事哉？

⑤《魏世家》，哀王（实襄王）九年与秦会临晋，张仪归于魏，相田需死，楚相昭鱼曰："吾恐张仪、犀首、薛公，有一人相魏者也。"昭鱼之言，不及惠施，以惠施在魏地位而言，犹高于三人，则疑其时已先卒也。然则惠施卒年，殆在魏襄五年使赵之后，魏襄九年田需卒前也。《周季编略》列惠施见逐于魏襄之九年，以《魏世家》田需犯事核之，即知其误。又于其后叙惠施、庄周交游事，亦失之。惠、庄交游，当在襄王未立之先。

惠施年表

余既为《惠施传略》，重撮其时事，为《年表》，与《史记·六国年表》颇异，亦多增益，说详余《诸子系年考辨》卷三，兹不著。

梁惠王（一七）	伐赵邯郸，李梁谏。（梁，杨朱友，先朱死。）	
同 （二〇）	归赵邯郸。 申不害相韩。	
同 （二七）	丹封于浍。丹，魏大臣。（"於浍"二字《史表》作"名会"，依《志疑》改。丹或即白圭也。）	
同 （二八）	齐败魏马陵，太子申见杀。	惠施当以是时至梁，或稍后。
同 （三二）	楚威王元年。铎椒为傅，为《铎氏微》。	
同 （三三）	秦孝公卒，商鞅死，尸佼逃蜀。 宋王偃元年。	
同 （三四）	韩相申不害卒。	

惠施公孙龙

同，后元 （三七）	与齐会徐州相王。 苏秦至燕。	惠施以其时用事。
同　（二）	楚围齐徐州。	
同　（三）	齐、魏伐赵，苏秦去赵适燕。	
同　（五）	献河西地于秦。	
同　（六）	楚威王卒。（庄子与威王同时。 威王聘庄子为相，庄子却之， 未详何年。）	
同　（七）	张仪相秦。 宋偃（十一年）称王。孟子游 宋，或稍前。	
同　（一〇）	秦初称王。 赵武灵王元年。	
同　（一一）	与齐、韩会平阿。	
同　（一二）	魏、赵、韩、燕、中山五国相 王。犀首主其事。	
同　（一三）	会齐威王于甄。 张仪相。 齐封田婴于薛。 孟子自宋之薛，归邹，之滕。	惠施去魏之楚，遂之 宋。
同　（一四）	田婴来朝。	
同　（一五）	孟子游梁。 齐威王卒。 燕王哙元年。	
同　（一六）	王卒，张仪去。 孟子游齐。	惠施重至魏。
襄王　（元）	五国共击秦，不胜而还。	惠施使楚。
同　（二）	张仪复相秦。	
同　（三）	燕王哙让国于相子之。 鲁平公元年。	

同　（五）	齐伐燕，章子为将。	惠施使赵，请伐齐存燕。 （惠施事迹止此）
同　（七）	秦败楚师，取汉中。 孟子遇宋牼于石邱。	
同　（九）。	与秦会临晋，张仪来。 相田需死	惠施当卒于是年前，去徐州相王之岁凡二十五年。惠施寿盖在六十左右也。

　　　　　　　　　　　　　　　　　惠施公孙龙

惠施历物

　　《庄子·天下篇》称惠施多方，其书五车，今皆不可见。所传惟历物之意，惠施自以为大，观于天下，以晓辩者，辩者相与乐之。则知历物之意者，实惠施学说之结晶，而影响于当时之思想界者甚大。尝鼎一脔，亦足以见惠施学说之大意也。其言曰：

　　　　至大无外，谓之"大一"；至小无内，谓之"小一"。无厚不可积也，其大千里。天与地卑，山与泽平。日方中方睨，物方生方死。大同而与小同异，此之谓"小同异"；万物毕同毕异，此之谓"大同异"。南方无穷而有穷。今日适越而昔来。连环可解也。我知天下之中央，燕之北，越之南是也。泛爱万物，天地一体也。

　　近人章炳麟、胡适，先后为之解义。余兹所论，较之二氏，不无异同，学者自为比观可也。

大抵历物要旨，在明天地一体，以树泛爱之义。至其文理，当如下解。

　　　至大无外，谓之"大一"；至小无内，谓之"小
　　一"。无厚不可积也，其大千里。天与地卑，山与泽
　　平。
　　　此言"宇" 四方上下曰宇

今曰"身"，身有外；所居曰"堂屋"，堂屋复有外；所傍曰"林园"，林园复有外；所依曰"山川"，山川复有外；所载曰"员舆"，所拱曰"日局"，而员舆、日局又莫匪有外。凡立形占位者皆有外，亦莫匪有内。于日局之内有员舆，于员舆之内有山川林园堂屋，堂屋之内有身，身之内又不胜其有焉。举凡有外者而谓之"一"，则无外矣；无外是至大也。举凡有内者而谓之"一"，则无内矣；无内是至小也。是何物耶？曰"宇"。"宇"者统凡立形占位者而一言之也。凡形位之有外，必为形位，则亦宇也，故宇无外；其于内也亦然。故宇一也，而至大焉，而至小焉，至大至小亦一也。

　　统凡立形占位者而名之曰"宇"，而宇无形位。（庄子曰："有实而无乎处者，宇也。"）无形位故无厚不可积。宇无厚，故天与地等卑，山与泽齐平，自宇而言之也。山之于泽至高，天之于地至远，而曰"无厚"，此至大为至小也；不可积而大千里，此至小为至大也。直所从言之异也。

　　　　　　　　　　　　　　　　　　　　惠施公孙龙

日方中方睨，物方生方死。

此言"宙" 古往今来曰宙

凡言变，不能一时，必兼古今。然深言之，方言今而今则既古
矣；方思今而今则既古矣；方觉知有今，而今所觉知又古矣。
岂惟我之言思觉知？一时之变，方至于今，而所至即已古矣。
故中睨死生，异变而同时。统凡成变占时者而一言之曰"宙"，
宙合凡有方既为无方既，犹宇合凡有内外为无内外。故自宙言
之无时变。（庄子："有长而无乎本剽者，宙也。"）无时，故死
生中睨同变。无变，故死生中睨同时。此亦所从言之异也。

　　大同而与小同异，此之谓"小同异"；万物毕同
　　毕异，此之谓"大同异"。

此言"物" 物兼事言

事同有时变，物同有形位。时变同有古今，形位同有内外，此
为小同；有古今内外故有异，此为小异。宇徙为宙，宙化为宇。
一久而分万所，故见宇。一所而异万久，故见宙。无所则无久，
无久则无所，故宇宙一体而不可析。析之者，乃世之言思然也。
故宇之与宙也实同，特所从言之异也。宇宙现象，一连续比较
而已。连续故见有事，比较故见有物。自一物之连续而总言之
曰"事"，自一事之比较而析言之曰"物"。物无非事，事无非
物，故事之与物也实同，特所从言之异也。事与宙皆言其时变，
物与宇皆言其形位。舍宇宙无事物，舍事物无宇宙。故事物之

惠施历物

与宇宙亦同。同无内外，同无古今，是谓"毕同"。析其毕同者而有宇宙事物之异；析其宇宙事物而有古今内外之异。古今内外之间，又各自有其古今内外之异焉。循此而至于"毕异"，此之谓"大同异"。是亦所从言之异也。至此而宇宙事物之本体明矣。

以上三节历说物之本体也。

南方无穷而有穷。
此承"无内外"言

"南""北"自位而言。在我谓之南，在彼不谓之南，彼自别有其南也。各自有其南，则南为无穷；各不自以谓南，则南为有穷。

今日适越而昔来。
此承"无古今"言

"今""昔"自时而言。方我适越，则曰今日；及其抵越，乃云昔来。

连环可解也。
此承"无古今"言

夫时无起迄，无方既，是连环也。析而言之曰"今世"，则一世为今，有起迄，有方既。更精而析之曰"今岁""今月""今日"，则岁月日为今，有起迄有方既。惟所言以谓之"今"，是连环可解也。此犹言地域之无穷而有穷也。

　　我知天下之中央，燕之北越之南是也。
此承"无内外"言

中无定位。居燕之北者，不自以为北，而以燕为南焉，彼则自以为中也。居越之南者，不自以为南，而以越为北，彼亦自以为中也。中之无定位，犹今之无定时也。
　　以上一节四句，历说物之变相也。

　　泛爱万物，天地一体也。
此立论正旨

事物异同，皆由名言。既知天地一体，故当泛爱万物也。
　　以上一节两句，历说应物正道也。

惠学钩沉

"流落人间者，泰山一毫芒"，"惠施多方，其书五车"，今可得而征者，惟《历物》十句，则亦惠氏一毫芒也。余读《庄周》《吕览》，惠氏之遗文佚事，往往有见。既为之作传略，复比论其学术条贯，俾研惠学者，资豹窥焉。

一曰尚用

惠子墨徒也，墨学主用，惠子亦然。

惠子谓庄子曰："魏王遗我大瓠之种，树之成，实五石。以盛水浆，其坚不能自举。剖为瓢，则瓠落无所容。非不呺然大也，吾为其无用而掊之。"（《庄子·逍遥游》）

又曰："吾有大樗，本臃肿不中绳墨，枝卷曲不中规矩，立之涂，匠者不顾。今子之言，大而无用，众所同去也。"（同上）

　　　　　　　　　　　　　　惠施公孙龙

又惠子谓庄子曰："子言无用。"（《外物》）

惠之不满于庄者，曰其无用，则惠子论学之主用可知。然惠子好辩，人之论惠子，亦常以其文辩无用讥之。

> 惠子为魏惠王为法，成，惠王以示翟翦。翦曰："善也而不可行。今举大木者，前乎舆謣，后亦应之，此其于举大木者善矣。岂无郑、卫之音哉？然不若此其宜也。夫国亦木之大者也。"（《吕氏·淫辞》）
>
> 白圭谓魏王曰："市丘之鼎，以烹鸡。多洎之则淡而不可食，少洎之，则焦而不熟。视之蔼焉美，无所可用。惠子之言似于此。"
>
> 惠子闻之，曰："不然。使三军饥而居鼎旁，适为之甑，则莫宜于此鼎矣。"（《吕氏·应言》）
>
> "由天地之道，观惠施之能，其犹一蚊一虻之劳者也，其于物也何庸？"（《庄子·天下篇》）

二曰重功

孟子有志功之辨（《滕文公下》彭更问一节），墨家亦曰："志功不可以相从。"（《墨子·大取》）凡尚用者率重功。

> 庄子曰："射者非前期而中，谓之善射，天下皆羿也，可乎？"惠子曰："可。"（《庄子·徐无鬼》）

射者苟中，则许之为善射，此重功之见也。

三曰勤力

尚用重功，则不得不勤力。墨之道："日夜不休，以自苦为极，曰：不能如此，非禹之道也，不足谓墨。"（《庄子·天下篇》）惠施亦然。惟墨翟苦行，施则深思，此其异。

> 庄子谓惠子曰："孔子行年六十而六十化，始时所是，卒而非之。未知今之所谓是之非五十九非也？"惠子曰："孔子勤志服知也。"庄子曰："孔子谢之矣。而其未之尝言。"（《庄子·寓言》）

"仁者见仁，知者见知。"惠施意，今之所知，则今日是之，斯可矣，不论其始卒也。

> 昭文之鼓琴也，师旷之枝策也，惠子之据梧也，三子之知几乎，皆其盛者也，故载之末年。唯其好之也，以异于彼其好之也，欲以明之彼。非所明而明之，故以坚白之昧终。（《庄子·齐物论》）
>
> 庄子曰："今子（惠子）外乎子之神，劳乎子之精，倚树而吟，据槁梧而瞑。天选子之形，子以坚白鸣。"（《庄子·德充符》）
>
> 夫充一尚可，曰愈贵道，几矣。惠施不能以此自宁，散于万物而不厌，卒以善辩为名。惜乎！惠

施之才，骀荡而不得，逐万物而不反，是穷响以声，形与影竞走也，悲夫！（《庄子·天下篇》）

惠子之"外神劳精"，犹夫墨子之"摩顶放踵"也。"非所明而明之，以坚白之昧终"，则犹宋钘、尹文之"上说下教，强聒而不舍"也。"不能自宁，逐万物而不反"，此墨、惠之同风也。

四曰明权

尚用重功，不徒勤于力，又将明于权。墨家屡言之，曰："利之中取大，害之中取小。"（《大取篇》）又曰："欲正权利，恶正权害。"（《经》上）皆权也。

匡章谓惠子曰："公之学去尊，今又王齐，何也？"惠子曰："今有人于此，欲必击其爱子之头，石可以代之。子头所重也，石所轻也。击其所轻，以免其所重，岂不可哉？齐之所以用兵不休，攻击人不止者，大者可以王，其次可以霸也。今王齐，寿黔首之命，免民之死，是以石代爱子头，何为不为？"（《吕氏·爱类》）

此惠子用权之大者。

五曰本爱

凡所为尚用重功勤力而明权，皆有所本，曰本之于爱。墨翟唱兼爱之说，惠施亦曰"泛爱万物"焉。

> 惠子谓庄子曰："人故无情乎？"庄子曰："然。"
> 惠子曰："人而无情，何以谓之人？"庄子曰："道
> 与之貌，天与之形，恶得不谓之人？"惠子曰："既
> 谓之人，恶得无情？"庄子曰："是非吾所谓情也。
> 吾所谓无情者，言人之不以好恶内伤其身，常因自
> 然而不益生也。"惠子曰："不益生，何以有其身？"
> 庄子曰："道与之貌，天与之形，无以好恶内伤其
> 身。"（《庄子·德充符》）

惠子之学本于爱，故主有情，又当有为以益生。

> 庄子妻死，惠施吊之，庄子方箕踞鼓盆而歌。
> 惠子曰："与人居，长子老身，死不哭，亦足矣，又
> 鼓盆而歌，不亦甚乎！"（《庄子·至乐》）

惠子之责庄子，亦责其无情也。

六曰去尊

墨家之爱无差等，惠施亦曰"天地一体"，故主平等而去尊。

> 匡章谓惠施曰："公之学去尊。"（《吕氏·爱类》）

　　　　　　　　　　　　　　　　惠施公孙龙

七曰偃兵

主兼爱，因及非攻寝兵，又墨、惠之所同。

> 魏莹与田侯牟约。田侯牟背之，魏莹怒，将使人刺之。犀首闻而耻之，曰："衍请为君攻之。"季子闻之曰："兵不起七年矣，此王之基也，衍乱人，不可听也。"华子闻之曰："善言伐齐者，乱人也。善言勿伐者，亦乱人也。谓之乱人也者，又乱人也。"曰："然则若何？"曰："君求其道而已矣。"惠子闻之而见戴晋人。戴晋人以蛮触喻。（《庄子·则阳》）

《释文》司马云："田侯，齐威王也。"俞樾云："《史记》威王名因齐，田齐诸君无名牟者。惟桓公名午，与'牟'字相似，'牟'或'午'之讹。然齐桓公午与梁惠王又不相值也。"今按：田桓公与梁惠王年实相值，惟当惠王初年，其时惠施尚未至魏，魏亦未都大梁。戴晋人以大梁为言，则在魏徙都之后，而田桓公已死矣。且犀首在魏用事，亦在惠王中世。田侯牟之名必有误。戴晋人为人，他亦无可考，其事信否不可知。然惠施平日持论，主寝兵息争，则即此亦堪推见。

八曰辨物

墨、惠之学有其同，亦有其异。本于爱而主尚用重功，而言非攻寝兵，其同也。其论所以有爱则异。墨本天志，而惠则辨物。故曰："泛爱万物，天地一体也。"其所以泛爱万物，由于天地本属一体。此惠施持论所以异于墨翟，亦惠施学说特创之点，最为其精神之所在也。

> 惠施历物之意，以此为大，观于天下而晓辩者。（《庄子·天下篇》）南方有倚人曰黄缭，问天地所以不坠不陷风雨雷霆之故，惠施不辞而应，不虑而对，遍为万物说，说而不休，多而无已。（同上）

历物之意，已具别释，至其"遍为万物说"者，今已不可见。盖尝论之，古之持论者，或本于天帝，或溯之古圣贤王，或内反之于己心，或以时王政令法度为断，或归之于群事。至寻诸自然，索诸物理，则孔、墨、李克、吴起、孟轲、宋钘、许行、陈仲之徒所未道，其风实始于惠氏，而庄周则同时之闻风兴起者也。故曰：

> 弱于德，强于物。（《庄子·天下篇》）
> 散于万物而不厌。（同上）
> 逐万物而不反。（同上）

此惠氏之风所由卓也。

> 庄子与惠子游于濠梁之上，庄子曰："儵鱼出游从容，鱼之乐也。"惠子曰："子非鱼，安知鱼之

乐?"庄子曰:"子非我,安知我不知鱼之乐?"惠
子曰:"我非子,固不知子矣。子固非鱼也,子之不
知鱼之乐全矣。"庄子曰:"请循其本。子曰'汝安
知鱼乐'云者,既已知我知之而问我,我知之濠上
也。"(《庄子·秋水》)

濠梁之辩,千古胜话,虽二贤闲游,机锋偶凑,非关理要,而
即此推寻,亦有可得而论者。惠别物以辨异,庄即心以会通,
此二子之殊也。惠子思深刻镂,文理密察,正与其平日持论大
类。而庄则活泼天机,荒唐曼衍,无畔岸,无町畦,亦其大体
然也。

庄书持论,多与惠施相出入。曰:"至精无形,至大不可
围。"(《秋水》)又曰:"精至于无形,大至于不可围。"(《则
阳》)此惠氏大一小一之说也。曰:"六合为巨,未离其内。秋
毫为小,待之成体。"(《知北游》)又曰:"天地为稊米,毫末为
丘山。"(《秋水》)此惠氏天地卑山泽平,无厚之大千里之说也。
曰:"时无止,终始无故。"(《秋水》)曰:"效物而动,日夜无
隙。"(《田子方》)此惠氏日方中方睨,物方生方死之说也。曰:
"自其异者视之,肝胆楚越也;自其同者视之,万物皆一也。"
(《德充符》)此惠氏万物毕同毕异之说也。曰:"天地与我并生,
万物与我为一。"(《齐物论》)此惠氏天地一体之说也。曰:"未
成乎心而有是非,是今日适越而昔至也。"又曰:"方生方死,
方死方生,方可方不可,方不可方可。"(均《齐物论》)此则
明引惠语。其他可比附相通者,更仆数不能尽。宜乎惠子死,

庄周有"无以为质"之叹矣。今观庄周书，皆极论万物，天地山泽，鲲鹏蜩鸠，樗栎大椿，瓦砾矢溺，莫不因物以为说，本物以见旨，以惠氏历物之风也。惟庄主无情，惠主有情；庄主不益生，惠主益生。故惠承墨家之遗绪，庄开老聃之先声。同为自然物论之大宗，创一时风气，辟积古拘囿，岂不豪杰之士哉！《庄子·天下篇》盛诋惠子，此韩退之所谓"两家子弟材智下，不能通知二父志"也。

九曰正名

辨于物，则知名相之繁赜，而言思之不精，于是而主正名。此亦惠学之本干，所由成其一家言者也。

> 惠子之据梧，以坚白之昧终。（《庄子·齐物论》）
> 天选子之形，子以坚白鸣。（《庄子·德充符》）

坚白之辨，惠施唱之，而公孙龙之徒承之。

> 惠施以此为大，观于天下而晓辩者，天下之辩者相与乐之，以此与惠施相应，终身无穷。（《庄子·天下篇》）

凡当时之辩者，其先皆原于惠氏也。

《庄子》书多与惠说相通，已具前论。余读其《齐物论》一篇，称引所及，颇涉公孙龙，如云："以指喻指之非指，不若以非指喻指之非指也。以马喻马之非马，不若以非马喻马之非马也。天地一指也，万物一马也。"《公孙龙子》有《指物论》谓"物莫非指而指非指"，此以指非指之说也。又有《白马论》言"白马非马"，此以马非马之说也。《齐物论》又云："恶乎然，然于然，恶乎不然，不然于不然。物固有所然，物固有所可，无物不然，无物不可。故为是举莛与楹，厉与西施，恢诡谲怪，道通为一。"又曰："类与不类，相与为类。"此公孙龙《通变论》之说也。篇中屡言"因是"，亦见公孙龙书。考庄周之卒，公孙龙方盛年，未必龙书先成。窃疑公孙龙诸辨，在庄周时皆已有之，皆惠施开其端，如坚白之论是也。宋元王时有儿说，采白马非马之论，余考其人在施、龙间，知白马非马一题亦不始公孙龙。推此为言，辩者论题，实相传递挹注。如墨家初传"天志""明鬼""兼爱""非攻""尚贤""尚同"诸题，亦师师相授，先后一贯不废失，故墨徒虽盛，而墨书不多。名源于墨，两家精神亦复相肖似。《天下篇》称惠书五车，《汉志》仅存一篇，公孙龙独有十四篇；或者论题相续，后来居上，公孙之说行，而惠氏之说废，其间有消息之道欤？许行、慎到皆主齐物，今庄周《齐物论》行，许、慎之说皆废矣。此岂不一好证哉？文献不足，无可确论，要之辩者言原惠氏，则断断无疑。

晋时汲郡人发魏襄王冢，得古书，有《名》《琐语》《缴书》等。《名》即名家书。惠施为魏相，其书或亦尊藏为官书，与草野著述不同；魏冢《名》书，其殆为惠氏之遗书耶？

十曰善譬

惠施论泛爱、去尊、偃兵，此承乎前以为统者也。其辨物、正名，此建乎己以成家者也。"辨物""正名"为其体，而"善譬"为之用。

> 客谓梁王曰："惠子言事善譬，使无譬，则不能言矣。"王因谓惠子曰："愿先生言事直言无譬也。"惠子曰："今有不知弹者，告之曰弹之状如弹，则喻乎？"曰："未也。"曰："弹之状如弓，以竹为弦，则知乎？"曰："知矣。"惠子曰："夫说者固以所知喻其所不知而使人知之，王曰无譬，则不可矣。"王曰："善。"（《说苑·善说篇》）

凡辩者之论，皆有所譬。

> 山渊平，天地比，齐、秦袭，入乎耳，出乎口，钩有须，卵有毛，是说之难持者也，而惠施、邓析能之。然而君子不贵者，非礼义之中也。（《荀子·不苟篇》）
>
> 惠子蔽于辞而不知实。（《荀子·解蔽篇》）

儒者言有坛宇，行有坊表，其言在于先王礼乐。惠子逐万物以为辩，钩有须，卵有毛，宜乎其见讥也。然遂谓之"诱其名，

惠施公孙龙

眩其辞，而无深于其志义"（语见《荀子·正名》），此在辩者之末流容有之，惠氏之辩，不尽尔也。儒以《诗》《礼》发冢，岂得谓六经乃椎埋书哉？

庄子寓言亦其类。庄子之寓言，犹惠子之用譬也。然《庄》书传世日远，而名家言多消歇不见诵者，即以文字言之，亦自有故。庄子曰："寓言十九，重言十七，卮言日出，和以天倪。"（《寓言篇》）此庄周自述其著作之大例也。卮言曼衍，日出无穷，荒唐谬悠，亦足可喜；而名家如惠子历物，公孙五论，以及《墨经·说》上下篇，皆洁净精微，枝叶尽伐，此不如者一也。重言者艾，经纬本末，上道黄帝、尧、舜，下亦孔丘、老聃，皆一世所尊仰；名家惟有狗马龟蛇，此又不敌者二也。兼此两端，庄生遂以寓言见称，名家以善譬受斥矣。则甚矣文之不可以已也。

惠氏一家之学，具兹十事，虽不能备，固当粗见涯略耳。

公孙龙传略

公孙龙，赵人①，或云魏人②，又云字子秉③，未详其信否。

燕昭王二十八年，既破齐，而公孙龙游燕，说昭王以偃兵，昭王曰："甚善。"龙曰："窃意大王之弗为也。"王曰："何故？"曰："日者大王欲破齐，诸天下之士，其欲破齐者，大王尽养之，其卒果破齐以为功；今大王曰：'我甚取偃兵。'士之在大王之朝者，尽善用兵者也，臣是以知大王之弗为也。"王无以应。④

龙既不得志于燕而返赵，赵惠王问曰："寡人事偃兵十余年矣，而不成，兵不可偃乎？"龙对曰："偃兵之意，兼爱天下

---

① 见《史记·孟荀列传》。又《汉书·艺文志》班固注，及《列子·仲尼篇》。

② 见高诱注《吕氏春秋·应言篇》。

③ 见《列子·释文》。《庄子·徐无鬼》，庄子谓惠子曰："儒、墨、阳、秉四，与夫子为五，果孰是耶？"成玄英疏云："秉者，公孙龙字也。"然惠施之卒，公孙龙犹在童年（详后），岂得与儒、墨、杨而为四哉？

④ 见《吕氏春秋·应言篇》，燕昭王以二十八年破齐，至三十三年而卒。龙之说燕昭，当在其时。

惠施公孙龙

之心也；兼爱天下，不可以虚名为也，必有其实。今蔺、离石
入秦，而王缟素布总；东攻齐得城，而王加膳置酒；是非兼爱
之心也。此偃兵之所以不成也。"①

时平原君为相，好士。龙客平原君所，平原君加敬礼。空
雄之遇，秦、赵相与约，曰："秦之所欲为，赵助之；赵之所
欲为，秦助之。"居无几何，秦攻魏，赵欲救之，秦使人让赵，
曰："约曰：'秦之所欲为，赵助之；赵之所欲为，秦助之。'今
秦欲攻魏，而赵因欲救之，非约也。"赵王以告平原君，平原君
以告公孙龙，龙曰："此亦可以发使而让秦，曰：'赵欲救之，
秦独不助，此非约也。'"②

------

① 见《吕氏春秋·审应览》。

今按：此明为惠文即位十余年后语。《史记·六国年表》惠文十五年取
齐昔阳，十七年秦拔赵两城，十八年秦拔赵石城。《通鉴》胡注谓即汉西
河之离石县，高诱注《吕览》，亦谓蔺、离石二县，今属西河；则龙语系
指此二年事又甚明。梁氏《史记志疑》据《赵世家》肃侯二十二年秦取代、
蔺、离石之语，疑何待是时始拔。然考同篇，武灵王十三年，亦云："秦
拔我蔺"，已复复出，况惠文时乎？《赵策》，秦攻赵蔺、离石、祁，拔，
赵请纳焦、黎牛、狐三城以易之，已而背之。秦怒，令卫胡易伐赵，攻阏
与，赵奢败之。《年表》阏与之役，在赵惠文王二十九年，《秦本纪》在昭
王三十八年，较《年表》后一年。合之《赵策》，是其事由蔺、离石起，
则亦惠文时秦拔赵蔺、离石之的证也。又《西周策》苏厉谓周君曰："败
韩、魏，杀犀武，攻赵取蔺、离石、祁者，皆白起。"高注："杀犀武于伊
阙。"按《年表》在秦昭王十四年，前攻赵拔两城十一年。然则两城者，
蔺与祁也。云蔺、离石者，是兼言两年事。此亦秦拔蔺、离石当赵惠文时
之的证也。则公孙龙之语，必在赵惠文十八年以后明甚。燕昭王死于赵惠
文王二十年，其破齐在惠文王十五年，然则龙盖先说燕昭，后对赵惠也。
故径定其先后如此。

② 见《吕氏春秋·淫辞篇》。高注："赵王，赵惠王也。"梁云："空
雄，《听言篇》作空洛。此疑本是空雒，写者误耳。"其事未详在何年。

公孙龙传略　　　　105

其后秦围邯郸，虞卿欲以信陵君之存邯郸为平原君请封。公孙龙闻之，夜驾见平原君曰："龙闻虞卿欲为君请封，有之乎？"平原君曰："然。"龙曰："此甚不可。且王举君而相赵者，非以君之智能为赵国无有也；割东武城而封君者，非以君为有功也；乃以君为亲戚故也。君受相印不辞无能，割地不言无功者，亦自以亲戚故也。今信陵君存邯郸，而君请封，是亲戚受城而国人计功也，此甚不可。"平原君曰："诺。"遂不听虞卿之言。[①] 而益厚待公孙龙。

龙有口善辩，持白马非马之论。鲁人孔穿适赵，与龙会平原君家，穿曰："素闻先生高谊，愿为弟子久，但不取以白马谓非马耳。请去此术，穿则请为弟子。"龙曰："先生之言悖。龙之学正以白马非马，去之则无以教。夫学于龙者，以智与学不逮也，今教龙去白马非马，是先教也。且白马非马，乃子先君仲尼之所取也。龙闻楚王张繁弱之弓，载忘归之矢，以射蛟兕于云梦之圃，而丧其弓。左右请求之，王曰：'止！楚人遗弓，楚人得之，又何求乎？'仲尼闻之，曰：'楚王仁义而未遂也，亦曰人亡弓人得之而已矣，何必楚乎？'是仲尼异楚人于所谓人。夫是仲尼之异楚人于所谓人，而非龙之异白马于所谓马，悖也。"[②]

孔穿又与公孙龙论于平原君所，深辩至于臧三耳。公孙龙

---

① 见《史记·平原君列传》。

② 见《孔丛子·公孙龙篇》，又见《公孙龙子·跡府篇》。惟《跡府》文字，似后人删袭《孔》书而成。公孙龙论白马非马，而《孔丛子》谓白马非白马，则误。当据《跡府篇》改。

言臧之三耳甚辩，孔穿不应。少选，辞而出。明日，孔穿朝，平原君谓孔穿曰："昔者公孙龙之言辩。"曰："然，几能令臧三耳矣。虽然，谓臧三耳甚难而实非也，谓臧两耳甚易而实是也。不知君将从易而是者乎？抑从难而非者乎？"平原君不应。明日，谓公孙龙曰："公无与孔穿辩矣！"[①]

及齐使邹衍过赵，平原君见公孙龙，及其徒綦母子之属，论白马非马之辩，以问邹子。邹子曰："不可！彼天下之辩，有五胜三至，而辞正为下。辩者，别殊类使不相害，序异端使不相乱，抒意通指，明其所谓，使人与知焉。不务相迷也。故胜者不失其所守，不胜者得其所求，若是故辩可为也。及至烦文以相假，饰辞以相惇，巧譬以相移，引人声使不得及其意，如

　① 见《吕氏春秋·淫辞篇》，又《孔丛子·公孙龙篇》。《吕氏》"臧三耳"作"臧三牙"盖系字误，卢文弨云："作'三耳'是也。龙意两耳形也，又有一司听者以君之，故为三耳。但此下又言马齿，则此书似是作'三牙'。"

　　今按：下文荆柱国庄伯令其父视日，意在知时早晏，其父曰："日在天"，则所答非所问矣。庄伯曰："视其奚如！"此犹云："夜其何如？"仍欲其觇晷刻，其父曰："正圆"，则仍不得所问。庄伯又曰："视其时！"此则叮咛至显矣，而其父对曰："当今"，则终失其所以为对也。庄伯令谒者驾，谒者不悟传命于御人，而率对曰："无马。"转令涓人，涓人亦弗悟，则取所司冠进上。庄伯因问马齿，马齿者，马之老幼，而圉人又曰："齿十二与牙三十。"凡此皆不得其意而对。非不闻其言，而不闻其所以言，故曰："臧三耳"，言为臧获者当善体主人之意。卢氏既得其解，又误谓"此书似是作三牙"，何也？至毕沅谓："臧牂古字通，谓羊也。"强以"羊三耳"比附于"鸡三足"，亦失之。

此害大道。"坐皆称善①，公孙龙由是见绌。②

同时赵有处士毛公，藏于博徒，信陵君至赵，闻其贤士，往从之游③，遂显名。与公孙龙并游平原君家④，亦论坚白同异，以谓可以治天下⑤，有书九篇言其意。⑥

魏有公子牟，亦与公孙龙善。有书四篇，为道家言。⑦

又有桓团，与公孙龙齐名，皆悦惠施之风，而以巧譬善辩。其言如卵有毛，鸡三足，推此类论之，能胜人之口，不能服人之心也。⑧

又传公孙龙见魏王，告以七说，曰："有意不心，有指不至，有物不尽，有影不移，发引千钧，白马非马，孤犊未尝有母。"一时怪之，不能明其指意之所在也⑨。

---

① 见《史记·平原君列传·集解》引刘向《别录》。此与《吕览》"臧三牙"之辩，皆足以见当时对于公孙龙一派之意见，与名家所以衰绝之源，故备引焉。

② 见《史记·平原君列传》。

③ 见《史记·信陵君传》。

④ 见《汉书·艺文志》班氏自注。

⑤ 见《汉书·艺文志》颜师古注引刘向《别录》。

⑥ 见《汉书·艺文志·名家》。

⑦ 见《汉书·艺文志·道家》，班氏自注云："先庄子，庄子称之。"今《庄子·秋水篇》有公子牟称庄子言以折公孙龙，则二人同时，在庄子后也。《秋水篇》语，自出庄氏门人耳。《列子·仲尼篇》称公子牟盛悦公孙龙，《列子》伪书，未晓何据。

⑧ 见《庄子·天下篇》。桓团，《列子·仲尼篇》作韩檀。成玄英疏《庄子》亦谓是赵人，客游平原君家，未详何据。

⑨ 见《列子·仲尼篇》，未审所据。或采自《公孙龙子》十四篇中，今已残佚，无可考矣。

龙著书十四篇①，至唐时而残②，今存《白马》《指物》《通变》《坚白》《名实》凡五篇。篇首有《跡府》一篇，疑非原书也。③其论似惠施，与《墨经》相出入，盖亦源自兼爱之旨，为墨学旁枝，余当别论其意，兹不著。

论曰：公孙龙说燕、赵以偃兵，谏平原君以让封，谅哉其为乐道慕义之君子也。其友如魏牟、毛公，皆言行卓然，可信于后世。龙之恂恂退让，不溺仕宦，而笃志于文学，可谓贤士矣。至其持论精微，世俗不深晓，多致讥评，未足为龙损也。邹衍骋怪迂之辩，燕、齐遂有神仙方士，人主方醉心，过赵而龙遂见黜；一进一退之间，岂不宜也哉！后人于此，可以觇当时学术兴衰之机矣。

---

① 见《汉书·艺文志·名家》。

② 《公孙龙》书，《隋志》不著录，《旧唐志》三卷，与今道藏本卷数同，则残于唐也。详见余《公孙龙子新解序》。

③ 《跡府》一篇，文同《孔丛子》。《四库提要》谓龙自著书，欲伸己说；《孔丛》伪本，出于汉、晋之间。

今按：非也。以文而论，盖后人袭《孔丛》书而删节以冠之龙书者耳。

公孙龙年表

公孙龙事迹可考者，最先说燕昭王以偃兵，在昭王二十八年破齐后；其时上距惠施为魏使赵，请伐齐存燕，凡三十年（西历纪元前三一四至二八四）；是为惠施事迹可考最后之年。又自燕昭王破齐下推至平原君卒，凡三十四年（二八四至二五一），龙之卒当亦在是时前后。据此计之，则龙之生年，当在燕哙、齐宣时，其时惠施已老；施死于魏襄王九年前，龙盖未能逾十龄也；则龙寿当在六十、七十间。其时学者自邹衍、魏牟外，有荀卿，盖亦与公孙龙同时。卿之游赵，亦在孝成王朝，或应与公孙龙相见，惜无可考矣！卿著书力诋公孙龙之辩，有以也。余著《公孙龙年表》，粗记其起讫，于并时学者行事考证，均详于《诸子系年》，此未能尽著也。

赵惠文王（一五）	取齐昔阳。 燕昭王（二十八年）击齐，入临淄。	公孙龙游燕说昭王以偃兵，当在此时或稍后。
同　（一七）	秦拔赵两城。	

　　　　　　　　　　　　　　　　　　　　惠施公孙龙

同　（一八）	秦拔赵石城。	公孙龙与赵惠文王论偃兵，当在此时稍后。
同　（二〇）	与秦会渑池。 燕昭王薨。 齐重修稷下列大夫之缺，荀卿反齐为祭酒，当在此时稍后。 田骈之属皆已死。 庄周卒，至晚在此时或前十年间。	《吕氏春秋》空洛之遇。空洛，疑渑池字讹。
同　（二三）	秦拔魏两城。	《吕氏春秋》空洛之遇后无几时，秦欲攻魏，公孙龙教赵让其非约，疑即指此。
同　（二八）	蔺相如攻齐，至平邑。	
同　（二九）	秦攻阏与，赵奢击秦，大败之。	
同　（三三）	惠文王薨。	
赵孝成王（元）	平原君相。 （平原先相惠文王，此为再相也。）	
同　（二）	齐王建元年。 荀卿去齐游秦，约在此时。	
同　（六）	秦破赵长平。	
同　（九）	秦围邯郸，楚、魏来救。 荀卿已先在赵，与赵孝成王论兵，当在此时稍后。	公孙龙说平原君勿受封，在此时。其后邹衍来，龙遂见绌。
同　（一五）	平原君卒。	公孙龙之卒，当亦在此时前后。

公孙龙年表跋

梁任公《庄子天下篇释义》论惠施、公孙龙年代有云："魏惠王死，惠施确尚在；信陵救赵破秦时，公孙龙尚在；假令龙以魏惠王死之年生，是年不过六十三岁（西历纪元前三一九至二五七）；假令龙得寿八十以上，则惠王死时，龙年二十，并不为奇。又假令魏惠王死后十年，惠施尚存，则龙年三十，惠施尚存，亦不为奇。庄周及见惠施之死，年辈当较施略晚，则上与惠施为友，而下及见公孙龙之辩，更何足怪？"

今按：梁氏推论施、龙卒岁，较有事实为凭。至论公孙龙年寿，姑就梁说细勘之，则自见其难安。施死，当在惠王死后九年前，不能至十年后尚存；龙死亦在信陵救赵破秦后，不必即以是年死；则自惠施之死，至信陵存赵，最少亦已五十三年（三一〇至二五七）。龙与邹衍辩难往复，当犹在此后。而龙与惠施交游，又或在惠施死前十二三年。则龙寿且及九十。以近死高年寄食权门，与人争一日口舌之利钝，龙何老健不惮烦如是？以余考定，龙之卒年虽不可知，而其在平原君门，与邹衍

　　　　　　　　　　　　　　惠施公孙龙

相辩而终以见绌，当在信陵存赵后，其年当在六十左右，至多亦在七十前，似较近理。即以最晚之可能推算，谓龙于信陵存赵时，年已七十，则上推至施死之年，龙最长亦不逾十七龄。施、龙之年辈不相及，其未能相交游，亦已明矣。

且据《庄子·天下篇》："惠施以此为大，观于天下，而晓辩者，天下之辩者相与乐之，以与惠施相应，终身无穷。桓团、公孙龙，辩者之徒。"云云，推其文义，桓、公孙自是辩者之后起，《庄子》原文，亦并不谓桓、公孙亲与惠施相辩也。（此层胡适《中国哲学史大纲》已先辨之）则又何必牵缀施、龙年代务使相及哉？

至于庄周之于公孙龙，姑即周却楚威王聘一事推论，楚威王卒岁（三二九），庄周最少亦年三十，下推至惠施卒岁，庄周最少年四十九；其时公孙龙不出十岁。若周年七十，龙亦三十壮年矣。则龙或接见于周未可知。胡适《中国哲学史大纲》谓："庄周死时，当在西历纪元前二七五年左右，正当惠施、公孙龙两人之间。"则庄周其时最少亦八十五龄矣。（其时公孙龙亦逾四十，燕昭王已死四年也。）然余谓庄周年寿容可逾八十，而其卒年似不当如是之晚。考订古人年寿者，当寻其可能之中数，不当据其最先与最后之极限，此亦致谨之一道也。

继此而论庄周书中之涉及公孙龙事者，则是非真伪，昭然可判矣。《秋水篇》："公孙龙问于魏牟曰：'龙少学先生之道，长而明仁义之行，合同异，离坚白，然不然，可不可，困百家之知，穷众口之辩，吾自以谓至达，今吾闻庄子之言，汒焉异之。'"云云，是公孙龙为庄周之后辈，接闻高年绪论，或可信。《徐无鬼篇》："庄子谓惠子曰：'儒、墨、杨、秉四，与夫子为五。'"云云，秉为公孙龙之字，此或可信；而惠施卒年，龙为稚子，决不能名驾施前，与儒、墨、杨而为四。此或战国晚年以后人妄造，断无可信之理也。至《天下篇》虽言及公孙龙，本不谓其与惠施相辩，而梁氏以施、龙可以相友为《天下篇》出庄子自著之证（见梁氏《释义》），胡氏以施、龙不相及为《天下篇》决出战国晚年之证（见胡氏《史纲》），以余观之，皆非也。庄子既可下见公孙龙，则谓"公孙龙辩者之徒"云云，未尝不可出庄子之口；而亦何必牵缀施、龙，以谓二人之犹及相交游哉？故余谓《天下篇》之真伪，不当于此事论之也。

　　　　　　　　　　　　　　　　惠施公孙龙

公孙龙子新解

序

　　《汉书·艺文志》名家《公孙龙子》十四篇，《隋志》《群书治要》《意林》皆不录。《旧唐志》三卷。又一卷，陈嗣古注；又一卷，贾大隐注。《通志》一卷，亡八篇。今道藏本卜中下三卷，与《唐志》同，凡六篇。则《唐志》所称三卷，殆亦止六篇，与《通志》一卷亡八篇者，篇数正合。或陈、贾所注一卷本，亦与《通志》所称一卷者同。则此书至唐时，或分一卷，或分三卷，要之皆为六篇之残本也。今传本亦六篇，当即唐以来旧本。而考首篇《迹府》，与下五篇文字不类，殆前人所为序言，而后人误列为本书；则龙书之传而可信者，实仅五篇。又考扬雄《法言》，称"公孙龙诡辞数万"（《吾子》），今传五篇文字，仅得二千言；则龙书之传者，真无几也。龙在战国晚世，以雄辩耸动天下，故《庄子》书称"儒、墨、杨、秉四，与惠施而五"，秉即龙字也。荀子著书，亦屡引其言，以致驳诘。足证其在当时为学派一大宗矣。余考其行事，说燕、赵以偃兵，谏平原以让赏，皆有道义持守，与一般游士说客不同。又其交友如魏牟、毛生，皆高士有本末。后人不察，苟取荀况、邹衍门户之见，疑龙为小人之徒，以诡异荒诞斥之。异学相诽，自是先秦习气；即孟子之距墨翟，荀卿之排孟子，其抨击讥弹，皆已逾情。使后人徒信孟子书，必以墨翟为小人；徒信荀子书，必谓孟轲非贤士。而今知其不然，则以墨、孟之书，犹为人所诵习故也。公孙龙纵非墨、孟之比，而卓然成家，自表见于一世，其议论学说，亦自有不磨之真。而其书既多佚，存者又幽宵深隐，骤难索解，遂使后人一概废弃，目为妄怪，良可惜也。今陈、贾注既均佚，所传有宋谢希深注，文义浅陋，无所发明。清儒考订古籍，于龙书亦鲜研治。近人好《墨辩》，乃稍稍寻施、龙遗言，然终无为此书条理而发挥之者。余深憾之。因为别作《新解》，正其字句之讹，贯其义解之理。虽不能复睹龙书之全，而即此求之，亦可以见其为学持论之大概矣。谢注于《坚白篇》间有精诣，与注他篇文不同，疑或承袭旧注，或别有所取，如郭象之窃向秀。今既不可深考，姑为采摘，以存古人之一二焉。其他有所称引，具详本条，兹不赘。

白马论

"'白马非马'，可乎？"

曰："可。"

曰："何哉？"

曰："马者所以命形也；白者所以命色也；命色者非命形也。故曰'白马非马'。"

曰："有白马，不可谓无马也；不可谓无马者非马也？①有白马为有马，白之非马何也？"

①俞云："'非马也'当作'非马邪'，古也、邪通用。此难者之辞。言有白马不可谓无马。既不可谓无马，岂非马邪？"（俞樾《读公孙龙子》。下同。）

曰："求马，黄黑马皆可致。求白马，黄黑马不可致。使白马乃马也，是所求一②也。所求一者，白者不异马也。所求不异，如黄黑马有可有不可③，何也？可与不可，其相非明。故黄黑马一也，而可以应有马，而不可以应有白马。是白马之非马审矣。"

②俞云："'一'犹言不异也。使白马而即是马，则是求白马即是求马，故曰'白者不异马也。'"

③"如"犹"而"也，古书通用，说见王氏引之《经传释词》。今按："白者不异马"，乃据常识言之。下文"白者非马"，乃公孙龙离白于马之论也。离白于马，因离白马于马，又离坚白，使一切离而止于独，此名家正名之旨也。

曰："以马之有色为非马，天下非有无色之马也，天下无马可乎？"

　　曰："马固有色，故有白马。使马无色，有马而
已耳，安取白马？故白者非马也。白马者，马与白也。
马与白（马），〔非马〕也。④故曰白马非马也。"①

　　④俞云："此两句中各包一句。其曰'马与白也'，则亦可曰'白
与马也'。其曰'马与白马也'，则亦可曰'白马与马也'。总之离白与
马言之也。"
今按：俞说未是。吾友屠君正叔谓此处疑有脱文。应作"白马
者，马与白也。马与白，非马也。故曰白马非马也。"意谓"命
形"之马加"命色"之白，不得复以马称，犹之一加一不得复
为一也。今从之。常识谓白属于马，故马可以包白马，公孙龙
则谓马命形，白命色，各有所主，不相属，故曰"马与白"，乃
马形之外更增白色，非单举马形所可范围，故曰"马与白非马"。
马与白非马，故曰"白马非马"。

　　曰："马未与白为马，白未与马为白，合马与白
复名白马，是相与以不相与为名，未可。故曰'白
马非马'未可。"⑤

　　⑤俞云："此又难者之辞。马未与白为马，则为黄马、为黑马皆
可也。白未与马为白，则为白牛、为白犬皆可也。此就不相与言之也。

―――――――――

　　① 原编者按：本篇引文，凡作者以为衍文或误字者，用小字偏右加
（　）号以表明。改正或增补之字，则加〔　〕号，用便区分。

　　　　　　　　　　　　　　　　　惠施公孙龙

合马与白，则就相与言之也。既相与矣，而仍谓白马非马，则是相与而以不相与为名，此未可也。未可犹言不可。又按：马初不与白为马，白初不与马为白，合马与白，始有白马之名，何得言'复名白马'？复名谓兼名也。《荀子·正名篇》：'单足以喻则单，单不足以喻则兼。'杨倞注曰：'单，物之单名也；兼，复名也。'复名白马，正所谓单不足喻则兼。合马与白，则单言之曰马，不足以尽之，故兼名之曰白马。是谓复名白马，犹今言双名矣。"

今按：难者据常识立论，白属于马，则"马""白"相与为一。公孙龙离白于马，谓马形白色，各成其一，则马之与白不相与而为二。今只一实（马），而云是两名（白马——即白与马），是相与以不相与为名也。

　　曰："以有白马为有马，谓有白马为有黄马，可乎？"

按：此乃公孙龙转诘难者之辞。

　　曰："未可。"

按：此难者答辞。

　　曰："以有马为异有黄马，是异黄马于马也。异黄马于马，是以黄马为非马。以黄马为非马，而以白马为有马，此飞者入池，而棺椁异处，此天下之悖言乱辞也。"

按：此公孙龙据难者意引论也。然后折入己意，谓既异黄马于马，则亦不得同白马于马也。

　　曰："有白马不可谓（无）〔有〕马者，离白之谓也。是离者，有白马不可谓有马也⑥，故所以为有马者，独以马为有马耳，非有白马为有马。故其为有马也，不可以谓马马⑦也。"

⑥俞云："'有马'当作'无马'，涉下文三言'有马'而误耳。此即承上'不可谓无马'而言，亦难者之辞。言吾所云有白马不可谓无马者，止论马不马，不论白不白。故曰'离白之谓也'。就此所离者而言之，白为一物，马为一物，明明有白有马，不可谓无马也。"

⑦俞云："此难者之辞，承上文而言。止论马不马，不论白不白。若必以白者为非马，则白者何物乎？白即附于马，不可分别。故见白马，止可谓之有马而已。不然，白马一马，马又一马，一马而二之，是马马矣。"

今按：俞氏说非也。前云"白为一物，马为一物，明明有白有马"，后又云"白即附于马，不可分别，故见白马，止可谓之有马"，是前后自相矛盾也。文中"有马"字皆不误。首句"无马"亦当作"有马"。"有白马不可谓有马"者，即"白马非马"意。此乃公孙龙离白于马者持之，"离者"之称，即指公孙龙持离坚白之论也。难者谓诚如"离者"之论，独以马为有马，有

惠施公孙龙

白马即非有马，然则有黄黑马亦非有马，而天下无无色之马，则"离者"之称有马，其实不可以称于任何一马。故曰："其为有马也，不可以谓马马也。"马马连称，即任何一马之意，犹人人即任何一人之意也。任何一马不可以云有马，则所谓有马者，岂不转成空话耶？

> 曰："白者不定所白，忘之而可也。白马者言白，定所白也。定所白者，非白也。马者，无去取于色，故黄黑皆（所）〔可〕以应。白马者，有去取于色，黄黑马皆所以色去。故唯白马独可以应耳。无去者，非有去⑧也。故曰：'白马非马'。"

今按：言白者不定所白，则白雪白马均白也。忘其雪与马之别可也。言马者不定何马，则黄马黑马均马也，忘其黄与黑之别可也。故曰："马者无去取于色"，即忘马之色也，非马无色也。此针对难者"马马"之讥而云也。"皆所以应"，当作"皆可以应"，与下"唯白马独可以应"句相对；涉"皆所以色去"之文而误。

⑧俞云："言马，则无去者也。以白马应可也，以黄马黑马应可也，无所去也。言白马则有去者也，取白马则不得不去黄马黑马矣。一则无去，一则有去，明明分而为二，岂可合而为一？故曰：'白马非马'。"
今按："白马"有去，"马"无去，明"马"之为"无去"，则无"有马不可以谓马马"之疑矣。

指物论

物莫非指，而指非指。

今按："物"者实体，"指"者名相。今有一物，抚之则坚，视之则白，名之曰石，坚、白、石皆即指也。离坚白无石，离名相无体，故曰："物莫非指。""指"对"物"而言，名相以指对实体而言。苟无实体，则名相所指对者应是无所指对，故曰："而指非指。"

> 天下无指，物无可以谓物①，非指者天下（而）〔无〕物，可谓指乎？②

①俞云："此承物莫非指而言。"
②俞云："此承指非指而言。'天下而物'当作'天下无物'，字之误也。"

今按："指""物"对待之名。无名相则无以喻物，无物亦无名相可立也。

> 指也者，天下之所无也；物也者，天下之所有也；以天下之所有为天下之所无，未可。

此乃难者之辞。据常识立论，物乃实有，故曰："天下之所有。"

惠施公孙龙

名相虚立，故曰："天下之所无"。今曰："物莫非指"，是以有为无，故不可也。

　　天下无指，而物不可谓指也；不可谓指者非指也？③非指者，物莫非指也。④

　　③陈云："主言，客以为天下无指，而物不可谓之指。然既云此物不可谓指，即已指其名物而言之矣，此岂非指邪？'非指也'之'也'，读为'邪'。"（见陈澧《公孙龙子注》，下同。）
　　④陈云："然则就如客之说，以物为非指，愈足以见物莫非指也。"今按：此为公孙答辞。常识认物乃实体，非名相，不悟即此物非名相一语，已落名相矣。故据物非指之论，便可断言物莫非指。

　　天下无指，而物不可谓指者，非有非指也。非有非指者，物莫非指也。物莫非指者，而指非指也。⑤

　　⑤陈云："主又言，客以为天下无指，而物不可谓之指；然天下亦非有物名为非指者也。既非有物名为非指者，愈足以见物莫非指矣。物莫非指，则指非指矣。"
今按：此乃答辞第二节。据常识，天下既无名相，而凡物实体又不可谓之名相，则亦决无有非名相者悬空而来。既知无有非名相，则知物之莫非属于名相矣。凡物均属名相，而名相本身实非名相。
　　以上两节，循环反复，申明"指""物"乃对待之名，不得谓一有而一无也。

　　天下无指者，生于物之各有名，不为指也。⑥
不为指而谓之指，是（兼）〔无〕⑦不为指。以有不
为指之无不为指，未可。

　　⑥陈云："客言，吾谓天下无指者，其说由于天下之物各有其名，
而不名为指也。"
　　⑦俞云："'兼'乃'无'字之误。下文云'以有不为指之无不为
指，未可'，有不为指，即承此不为指而言。无不为指，即承此无不为
指而言。谓以有不为指之物，变而之于无不为指，是不可也。'无'与
'兼'相似而误。"
今按：此又难者之辞。其意谓我所谓天下无指者，如石有坚白
之名，坚白自属于石体，不得谓石以外有与石对立之坚白，即
不得谓有与实体对立之名相也。故曰"物之各有名不为指"也。
今以坚白为与石对立，以名相为实体对立，而称之曰指，则
"不为指而谓之指"，天下且无不为指也。

　　且指者，天下之所兼。⑧天下无指者，物不可
谓无指也。不可谓无指者，非有非指也。非有非指
者，物莫非指。⑨

　　⑧俞云："'兼'亦'无'字之误。"
今按：此"兼"字实不误，俞说非也。《坚白论》云："物白焉

　　　　　　　　　　　　　　惠施公孙龙

不定其所白，物坚焉不定其所坚，不定者兼，恶乎其石也。"又曰："坚未与石为坚而物兼"，皆与此兼字同义。此谓指既为天下之所兼，自不专属于一物，不得谓生于物之各有其名也。

⑨陈云："主言，指之名，本众物之所兼也。如客所言，谓天下无指则可，若谓物无指则不可。其所以不可者，以天下非有物名为非指者也。既无名为非指者，则物莫非指矣。"

今按：此又公孙答辞。谓"指"乃凡物之所兼，非物物所各有。舍物而言，固不可谓天下有离物之相。就物言之，亦不可谓天下有无相之物。如坚白不能离石雪诸体而独立，然石雪诸体亦不能离坚白诸相而自在。故曰："天下无指者，物不可谓无指也。"夫何故？以所见一切世间物非有非相故。非有非相，故曰："物莫非指。"

　　　指非非指也，指与物，非指也。使天下无物指，
　　谁径谓非指？天下无物，谁径谓指？天下有指，无
　　物指，谁径谓非指？径谓无物非指？且夫指固自为
　　非指⑩，奚待于物而乃与为指。

⑩王云："《周礼·天官·序官》'奚三百'，注：'古者从坐男女没入县官为奴，其少才知以为奚。'又《春官·序官》'奚四人'，注：'女奴也，以奚为之。'此言'奚'者，取隶属之意。以必隶属有待于物，而后生指。于无物之初，指本无著，固为非指也。"（见王管《公孙龙子悬解》，下同。）

今按：此乃答辞第二节。谓名相则名相矣，本无所谓"非名相"

也。谓名相非名相者，乃以"名相"对"实体"而言。故曰："指非非指，指与物非指也。"诚使天下无物之称谓，则又何来有非称谓。使有称谓，有名相，则名相自名相矣，谁又径谓其非名相？使有名相之称，而无名相实体对立之称，则谁又径谓其乃实体而非名相，谁又径谓其无物而非名相哉？且更进言之，使天下惟有名相，则名相自身亦不复为名相矣。名相之为名相，乃以其有待于实体而与为名相也。

以上两节，又循环反复，申明"物莫非指，而指非指"两句之意。

通变论

日："二有一乎？"
日："二无一。"

"二"者，共名类名也；"一"则别名私名也。自名学言之，名有"外举""内函"二义。外举弥少，内函弥多；外举弥增，内函弥减。故一类之通德，不能包各别之特撰。如云元素，其意义仅指不可分析之物质，而于金属善导电热及激光反射等，均非所及。故曰"二无一"也。

日："二有右乎？"
日："二无右。"

右即一也。

> 曰："二有左乎？"
> 曰："二无左。"

左亦一也。如元素一名，虽包括金属及氢氧砒磷之类，然既不具金属之特性，亦不备氢氧砒磷之专德，故曰："二无右，又无左"也。

> 曰："右可谓二乎？"
> 曰："不可。"

一物之私名，与一族之别名，皆不能包括一类之公名。故白马不可以谓马，右不可以谓二也。

> 曰："左可谓二乎？"
> 曰："不可。"

义亦同前。

> 曰："左与右可谓二乎？"
> 曰："可。"

《墨子·经说》下云："牛不二，马不二，而牛马二。则牛不非牛，马不非马，而牛马非牛非马无难。"彼云牛马，即此谓左右也。左不可谓二，右不可谓二，而左与右可谓二者，即"牛不二马不二而牛马二"之说也。故白马黄马诸色马皆非马，而合言之则为马。

　　曰："谓变非（不）①变，可乎？"
　　曰："可。"

　　①俞云："既谓之变，则非不变可知。此又何足问邪？疑'不'字衍文也。本作'谓变非变可乎，曰可'。下文羊合牛非马，牛合羊非鸡；青以白非黄，白以青非碧；皆申明变非变之义。"
今按：俞说是也。《墨子·经》下云："偏去莫加少，说在故。"《说》云："偏，俱一无变。"梁氏《校释》云："所函之属性无变，故无增减也。"如手足合称曰四肢，四肢分名为手足，无论合称之与分名，而于手足之属性无变也。

　　曰："右有与，可谓变乎？"
　　曰："可。"
　　曰："变（隻）〔奚〕②？"
　　曰："右。"

　　②俞云："'变隻'无义，'隻'疑'奚'字之误。'变奚'者，问辞也。犹言当变何物也。问者之意，以为右而变则当为左矣，乃仍答之曰右，此可证上文'变非变'之义。"

　　　　　　　　　　　　　　　　　惠施公孙龙

今按：俞说是也。右与左合而称二，是右之变也。然右之为右自若，故曰："变非变。"如合鸡犬龟蛙鲤等而称脊椎动物，而鸡犬之为鸡犬自若。又如合手足而称四肢，而手足之为手足亦自若也。

> 曰："右苟变，安可谓右？苟不变，安可谓变？"
> 曰："二苟无左又无右，二者左与右。"

此如生物一名，乃合动物植物两名而成。苟无植物，即不必有动物之目。故曰："二苟无左又无右，二者左与右"也。

> "奈何？"

此或者不达上论而问也。

> "羊合牛非马，牛合羊非鸡。"

此又公孙龙答辞，别标新例而申前旨也。

> 曰："何哉？"

难者不达重问。

> 曰："羊与牛唯异③，羊有齿，牛无齿，而牛之

非羊也，羊之非牛也④，未可，是不俱有而或类焉。
羊有角，牛有角，牛之而羊也，羊之而牛也，未可，
是俱有而类之不同也。"

③孙云："'唯'与'虽'通。"（孙诒让《札迻六》）
④本作"而羊之非羊也，牛之非牛也"。孙云：《子汇》本及钱
（熙祚）本并作'而羊之非羊也，牛之非牛也'与谢注似合。然以文义
校之，疑当作'而牛之非羊也，羊之非牛也'。下文云：'羊有角，牛
有角，牛之而羊也，羊之而牛也，未可，是俱有而类之不同也。'文正
相对。《墨子·经说》下云：'以牛有齿，马有尾，说牛之非马也，不
可。是俱有，不偏有偏无有。'《墨子》说牛非马不可，犹此说牛非羊、
羊非牛不可，文异而意同，可互证也。明刻与钱校皆非其旧。"
今按：据湖北崇文局本正作"牛之非羊也，羊之非牛也"，孙说
是也。《墨子·小取篇》云："夫物有以同而不率遂同；……其
然也同，其所以然不必同；……其取之也同，其所以取之不必
同。"与此条所论大略相似。羊牛俱有齿，据《墨经》亦谓牛
有齿，此云"羊有齿牛无齿"等，特假借言之，大意谓俱有者
不必为类，如鲸有鳍，蛇有鳞，皆不与鱼为类是也。虽不俱有
而或相为类，如鲸无毛与兽为类，蛇无足与蜥蜴为类是也。《墨
子·大取篇》亦云："长人之与短人也同，人之指与人之首也异。
将剑与挺剑异，杨木之木与桃木之木也同。"此言两人而顾谓之
同，一人之手与首则谓之异。一剑而顾谓之异，而两木则又谓
之同。故曰："夫辞，以类行者也。立辞而不明于其类，则必困
矣。"（同上）凡以明所取以为分类之异同者，多变而不可拘也。

　　　　　　　　　　　　　　　惠施公孙龙

羊牛有角，马无角；马有尾，羊牛无尾；故曰：
"羊合牛非马"也。非马者，无马也。无马者，羊不
二，牛不二，而羊牛二。是而羊而牛非马可也。若
举而以是，犹类之不同。若左右，犹是举。

今按：《墨子·经说》下云："牛有齿，马有尾，说牛之非马也
不可，是俱有，不偏有偏无有。"羊牛有尾，人尽知晓，此云无
尾者，亦犹上节云牛无齿，同为借设之辞，未可泥看。今以甲
乙字代之，则意自明显。

（一）甲有

乙无

不俱有而或类。

（二）甲有

乙有

俱有而类或不同。

（三）甲有　　甲无

乙有　　乙无

丙无　　丙有

甲与乙为类。甲乙与丙为非类。

故虽牛有角，羊有角，本不必即以此为类。但自"马"之一观
念言之，则牛羊皆以有角异于马，斯牛羊为类也。牛有角，马
无角，而牛马亦不必不为类。故《墨子·经说》下云："数牛数
马则牛马二，数牛马则牛马一。"盖牛马自可以四足为类也。今
以有角无角为类，故牛羊二者皆可统摄于一类，而不复分其相

互之异点，故曰："羊不二牛不二而羊牛二。"盖自其有角非马之一点言之，则牛可也，羊可也。要以见其异于马之无角耳。故曰："是而羊而牛非马可也。"若以是而举，亦犹是类之不同耳。如云居室有砖造者，有非砖造者，则以砖造与否为别。故木屋石室，同非砖造，同为一类。今如改云屋有木造者，有非木造者，则以木造与否为辨，而石室砖屋，同非木造，同为一类矣。故曰："犹类之不同。"言辨物异同之本乎分类也。所谓"左""右"者，如牛羊之同为非马，石室木屋之同为非砖造耳。故曰："若左右，犹是举。"

牛羊有毛，鸡有羽。谓鸡足一，数足二，二而一故三⑤。谓牛羊足一，数足四，四而一故五。牛羊足五，鸡足三，故曰："牛合羊非鸡。"非有以非鸡也。

⑤ "而"犹"与"也，见王引之《经传释词》。二而一，二与一也。下"四而一"同。

今按：《墨子·经说》下云："数指，指五而五一"，此谓指虽有五，自有同类为一之感也。牛与羊均四足，人见牛羊之足，自感其为类。鸡二足，人见鸡足，自感其与牛羊之足为不类。故鸡足为一感，其数二为又一感；牛羊之足为一感，其数四为又一感。故曰："牛羊足五，鸡足三"也。谓牛羊有毛，则鸡亦有羽；谓牛羊有足，则鸡亦有足。虽以牛羊足五鸡足三不必为类，然亦未有以见牛羊与鸡之果为不类也，故曰："非有以非鸡。"

　　　　　　　　　　　　　　　　　　惠施公孙龙

与马以鸡宁马。材不材，其无以（赖）〔类〕审
矣。举是谓乱名，是狂举。

今按：谓羊牛有角，马无角；马有尾，羊牛无尾；则明见羊牛
之非马，而马不与羊牛为类矣。今谓羊牛有毛而鸡亦有羽；羊
牛有足而鸡亦有足。毛之与羽，四足之与二足，皆在近似之间，
则无以见羊牛与鸡之必不类也。然亦无以见羊牛与鸡之必为类。
今谓羊牛与鸡同类，宁谓其与马同类。所以者，马之为用近乎
牛羊，而鸡则远。故曰："材不材其无以类[1]审矣。""赖"疑
"类"字之讹。材不材为类，是乱名狂举也。《墨经》下云："异
类不比"，略同此意。墨家重功尚用，故材不材不能为类也。

曰："他辩。"

此难者仍不喻，故求更为他辩以显意也。

曰："青以⑥白非黄，白以青非碧。"

⑥"以"犹"与"也。说见王氏《经传释词》。"青以白"，"白以
青"，犹云"青与白"，"白与青"也。
此又公孙龙答辞，再标新论以申前旨也。

曰："何哉？"

---

[1] 编者注：原文为"类"。

此亦难者不达重问。

　　曰："青白不相与而相（与）⑦反对也，不相邻而相邻，不害其方也。不害其方者，反而对，各当其所，左右不骊。⑧故一于青不可，一于白不可，恶乎其有黄矣哉？"

　　⑦谢注："青不与白为青，而白不与青为白，故曰'不相与'。青者木之色，其方在东；白者金之色，其方在西。东西'相反而对'也。东自极于东，西自极于西，故曰'不相邻'也。东西未始不相接，而相接不相善，故曰'相邻不害其方'也。"
今按：据谢注，正文当作"青白不相与而相反对也"，今本衍一"与"字，乃涉下文"青白不相与而相与"句误。"不相与"者，谓各当其所，左右不骊。"相与"者，谓两色相杂，争而两明。两节所论，一为青白联列，各不相涉；一为青白相染，骊而为一。两义较殊，不害其方者，反对相邻，不害其各占一方也。
　　⑧孙云："'骊'并'丽'之借字。故下文云：'而且青骊乎白而白不胜也'，谢以为色之杂者，非是。篇内诸骊字义并同。"
今按：孙谓"骊"乃"丽"之借字，是也。《易·离卦·释文》："丽，犹著也。"《左传》"射糜丽龟"注（宣十二年）亦云："丽，著也。"则丽有附着之义。两色相附为丽，犹高楼称丽谯，屋檐称丽，（《庄子·人间世》"求高名之丽者"，《释文》引司马注。）皆有累增附着之义，则谢注训骊为杂色，亦未可非。此言联列青、白二色，使不相染涉，故曰："左右不骊。"则此二色

　　　　　　　　　　　　　　　　　　惠施公孙龙

者，既不可一谓之青，又不可一谓之白，而自黄言之，则青与白皆非黄，故相反之青白，可以一于非黄之类。本之上文非马无马之论，则非黄者即无黄也，故曰："恶乎其有黄矣哉？"

　　黄其正矣，是正举也。其有君臣之于国焉⑨，故强寿矣。

今按：《墨子·经》下云："止，类以行之，说在同。"《经说》上云："有以同，类同也。"此处"黄其正矣"之"正"字亦"止"字之讹。青与白本不同，举黄，则青既非黄，白亦非黄，即同为类矣。故青与白为类，至于黄而止。正举者，《墨子·经》下云："正而不可摇，说在转。"《经说》下云："丸无所处而不中，县转也。"又《经说》上云："法取同，观巧转。""正"犹今言"对象"。对象变，斯物之同类与不同类，亦随而变。法取同之法，则犹正也。

　　⑨谢注："白以喻君，青以喻臣，黄以喻国。"
今按：《墨子·经》上云："同异而俱于之一也。"此谓青白虽异，而于非黄之一点则同，如诸臣之共事一君。而君臣同治一国，斯其国强寿矣。谢注是也。"有"疑当为"犹"，以声近而误。

　　而⑩且青骊乎白而白不胜也，白足（之）〔以〕⑪胜矣而不胜，是木贼金也，木贼金者碧，碧则非正举。青白不相与而相与，不相胜则两明也。争而〔两〕明，其色碧也。⑫

⑩ "而"犹"如"也，古书通用，说见王氏《经传释词》。

⑪ 孙云："'之'当作'以'。"

今按：孙说是也。上云"左右不骊"；谓青白联列不相染杂也。此云"青骊乎白"，谓白与青相染而并成一色也。青染白则成碧，碧仍是青白之合色，非全青而无白，则非青色胜而白色灭。然自常法观之，则若青色掩白而白色灭，故曰"白足以胜矣而不胜"也。木青色，金白色，青掩白，故曰"木贼金"。今举黄，则青白同非黄，故青白可以为类而黄为其正举。若举碧，则与白远，与青近。白为非碧，青则似碧，则青白不可为类，而碧则非正举也。"争而明"，当云"争而两明"，今脱一"两"字。

⑫ 谢注："夫青白不相与之物也。今相与杂而不相胜也。不相胜者，谓青染于白而白不全灭。是青不胜白之谓也。洁白之质而为青所染，是白不胜青之谓也。谓之青而白犹不灭，谓之白而为青所染，两色并章，故曰两明也者，白争而明，青争白明，俗谓其色碧也。"

今按：《墨子·经说》上："两绝胜，白黑也。"谓惟白黑二色，绝对相掩相灭，此外则诸色相与，皆不相胜而两明也。《汉书·司马相如传》"锡碧金银"，注："碧谓玉之青白色者也。"此碧为青白两色并章之证。然考《说文》："碧，石之青美者。"《广雅》："碧，青也。"《淮南·坠形训》"碧树瑶树"注："碧，青玉也。"是又世俗以碧为近青异白之证。碧惟两明，而若偏于青，故不得为正举也。

与其碧宁黄，黄其马也，其与 ⑬ 类乎？碧其鸡也，其与暴乎？

　　　　　　　　　　　　　　　惠施公孙龙

⑬ "与"犹"为"也,说见王氏《经传释词》。下一"与"字同义。
今按:《墨子·经》下云:"丽与暴",《说》云:"为丽不必丽,
丽与暴也。""丽"者,两色相配而相显;"暴"者,两色相凌而
相夺。"为丽不必丽",如青与白相丽,青凌白而夺其色,是丽
而若暴也。举马则羊牛之为类显,举鸡则羊牛之为类不显,故
曰:"与鸡宁马。"今举黄则青白之为类显,举碧则青白之为类
不显,故亦曰"与碧宁黄",又曰"黄其马,碧其鸡"也。

> 暴则君臣争而两明也。两明者,昏不明,非正
> 举也。非正举者,名实无当,骊色章焉,故曰两明
> 也。两明而道丧,其无有以正焉。

今按:碧,君也;青与白,其臣也。青白相骊而成碧,碧可以
谓之青,亦未尝不可谓之白,是青与白争碧而两明也。故曰:
"君臣争而两明。"是君臣之分不显,故曰:"两明者,昏不明,
非正举也。"《墨子·经》上云:"正,因以别道。"《大取篇》
云:"人非道无所行。夫辞,以类行者也。"两明故无正,因不
能别类,故曰"道丧"。彼所谓"以类行",即此所谓通变也。
若举"国"字以为正,则君臣之道明。今舍"国"字,仅言君
臣,则无有以正,而君臣之道丧矣。今言"爱"不举天志,而
仅言父子,亦犹是矣。

《墨子·大取篇》云:"苟是石也白,败是石也,尽与白同;
是石也虽大,不与大同。"因此而推之,则曰:"知是世之有盗
也,尽爱是世;知是室之有盗也,不尽爱(此字以意增。)是室

也。知其一人之盗也，不尽恶人；（"恶"本作"是二"二字，以意改。）虽其一人之盗，苟不知其所在，（不）尽恶其朋也。"（"朋"本作"弱"，依孙校改。）《小取篇》亦云："之马之目眇，则为之马眇；之马之目大，而不谓之马大。之牛之毛黄，则谓之牛黄；之牛之毛众，而不谓之牛众。"因此而推之则曰："盗人，人也，多盗非多人也，无盗非无人也。奚以明之？恶多盗，非恶多人也，欲无盗，非欲无人也，世相与共是之。若是则虽盗人，人也，爱盗，非爱人也，不爱盗，非不爱人也，杀盗，非杀人也，无难矣。此与彼同类。世有彼而不自非也，墨者有此而非之。"凡此诸说，皆所谓"言多方殊类异故，不可偏观"，故必明于其类而通于其变也。

坚白论

"坚白石三，可乎？"

曰："不可。"

曰："二，可乎？"

曰："可。"

曰："何哉？"

曰："无坚得白，其举也二；无白得坚，其举也二。"①

①谢注："人目视石，但见石之白而不见其坚，是举所见石与白二物，故曰'无坚得白，其举也二'矣。人手触石，但知石之坚而不

　　　　　　　　　　　　　惠施公孙龙

知其白，是举石与坚二物，故曰：'无白得坚，其举也二。'"

今按：常识谓石乃本体而包白色坚质，则是三也。公孙龙倡惟象之论，名相实体，泯而为一，名相之外，别无所谓本体。石也，白也，坚也，皆意象也，皆名相也。视之见白，名之为石。抚之得坚，亦名之为石。就名相言，均之二也。故曰："其举也二。"又按下云："物白焉，不定其所白。物坚焉，不定其所坚。不定者兼，恶乎其石也？"兼之所指不定。如云白与坚不定其为石也。云白石坚石，即定其所坚，定其所白。云白石、白马、白雪，白一也，马云雪云石云，皆以定其所白耳。视得其白，而又定其所白曰白石白雪白马，此即所谓"其举也二"。故曰："无坚得白其举也二，无白得坚其举也二。"谢注"但见石之白而不见其坚，但知石之坚而不知其白"云云，犹拘牵恒义，以为坚乃石之坚，白乃石之白，洵若是，则坚白尽于一石，乌可以坚石为二，又以白石为二哉？如此为解，终不得公孙子真意。

　　日："得其所白，不可谓无白；得其所坚，不可
　谓无坚；而之石也之于然也，非三也？"②

　　②俞云："非三'也'之也读为'邪'，'非三邪'乃问者之辞。'之石'犹'此石'也，言既得其坚，既得其白，而坚也白也，此石实然也，非三邪？"

今按：此难者据常识，谓坚白实有其物存于石体，故云然也。

　　日："视不得其所坚而得其所白者，无坚也；拊

不得其所白而得其所坚〔者〕，（得其坚也），无白
也。"③

③俞云："此当作'视不得其所坚而得其所白，得其所白者无坚
也；拊不得其所白而得其所坚，得其所坚者无白也。'文有脱误。"
　　王云："证之上文，疑当为'而得其所坚者'，遗一'者'字，衍
'得其坚也'四字，俞说窜改过甚，恐失真。"陈澧本同王说。今据正。
　　谢注："坚非目之所见，故曰无坚；白非手之所知，故曰无白也。"
今按：公孙龙似不认意象外别有存在，名相以外别有实体，故
云然。此可谓之"唯名论"。

　　曰："天下无白，不可以视石；天下无坚，不可
以谓石。坚白石不相外，藏三可乎？"④

④谢注："白者色也。寄一色则众色可知。天下无有众色之物，
而必因色乃色。故曰'天下无白，不可以视石'也。坚者质也，寄一
质则刚柔等质，例皆可知。万物之质不同，而各称其所受，天下未有
无质之物，而物必因质乃固，故曰'天下无坚，不可以谓石'也。石
者形也，举石之形，则众物之形例皆可知。天下未有无形之物，而物
必因形乃聚。然则色形质者，相成于一体之中，不离也。故曰：'坚白
石不相外也。'而人目之所见，手之所触，但得其二，不能兼三。人自
不能兼三，不可谓之无三。故曰：'藏三可乎？'言不可也。"
今按：此难者据常识，谓在我之意象之外必有实体为之依据。
苟非实有白色之体，在我何来白色之象？我之意象有起灭，而

　　　　　　　　　　　　　惠施公孙龙

物之体质无存毁。虽不见白，白自藏在石中，故曰："藏三可乎？"言今不称我见有三，而云彼藏有三，则可乎否也。谢注"藏三可乎"句有误。

   曰："有自藏也，非藏而藏也。"⑤

  ⑤谢注："目能见物而不见坚，则坚藏矣。手能知物而不知于白，则白藏矣。此皆不知所然，自然而藏，故曰'自藏'也。彼皆自藏，非有物藏之。"
今按：此所谓"藏"者，即《白马论》中之所谓"忘"矣。特遗之于我之意象，固不能谓别有藏此之一物（本体）在，故曰："非藏而藏也。"

   曰："其白也，其坚也，而石必得以相（盛）盈，其白藏奈何？"⑥

  ⑥谢注："盈，满也。其白必满于坚石之中，其坚亦满于白石之中，而石亦满于坚白之中。故曰：'必得以相盈也'。二物相盈必矣，奈何谓之自藏也。"
  俞云："盛，衍字也。谢注云：'盈满也'云云，是其所据本无'盛'字。"
今按：此难者据常识谓坚白相盈，不可分离，合为一物，故坚白乃藏于其物之体，而不能云自藏也。

曰："得其白，得其坚，见与不见离，（不见离），一（一）〔二〕不相盈，故离。离也者，藏也。"⑦

⑦孙云："《墨子·经》下篇云：'不可偏去而二，说在见与俱，一与二。'《说》下篇云：'见不见离，一二不相盈'，正与此同。此'一一不相盈'亦当依《墨子》作'一二不相盈'。后文云：'于石一，坚白二也。'即此义。"

今按：一见一不见，本我意之象而言之，则坚白固相离也。离亦即"忘"矣。目视其白则忘其坚，手拊其坚则忘其白；在我谓之忘，在彼谓之藏也。一二不相盈者，坚白二也，石一也，舍坚白之象既无石体，而谓坚白满盈于石体之内，非辞也。故曰："一二不相盈。"离者意象之分析，盈则本体之充实也。据《墨子·经说》下此条"不见离"三字疑衍。《札迻》径灭去，是也。严校道藏本作"见与不见与不见离"，衍"与不见"三字。

曰："石之白，石之坚，见与不见，二与三，若广修而相盈也，其非举乎？"⑧

⑧谢注："白是石之白，坚是石之坚，故坚白二物与石为三，见与不见共为体。"

今按：难者更以广长为喻，谓石有白有坚，若广与长之不可相离也。"非举"者，犹言"狂举"，谓上论"一二不相盈"为非举也。

曰："物白焉不定其所白，物坚焉不定其所坚，不定者兼，恶乎其石也？"⑨

⑨谢注："万物通有白，是不定白于石也。夫坚白岂唯不定于石乎？亦兼不定于万物矣。万物且犹不能定，安能独于与石同体乎？"
今按：公孙龙唱名相独立之论，主唯象之义。《指物篇》所谓"物莫非指而指非指"也。白只是白，不定为何物之白，坚只是坚，不定为何物之坚，乌得谓石有坚白？则仍是"一二不相盈"也。又按："不定者兼"，谢注失其义。《指物论》云："指者，天下之所兼"，是"兼"即指也。白可以指石，亦可以指马；坚可以指石，亦可以指金，故曰"不定"。坚白之不定，即离乎物而有坚白也，故曰："恶乎其石？"转辞言之，石可以指坚，亦可以指白，是"石"亦一指也，故曰："物莫非指。"石与坚白同为物指，故曰："恶乎其石？"是不啻谓石体之无实也。

曰："循石。非彼无石，非石无所取乎白，（石）〔坚白〕⑩不相离者，固乎，然其无已。"

⑩谢注："非坚则无石，必赖于石然后以见白，此三物者相因，乃一体，故曰'坚白不相离'也。坚白与石犹不相离，则万物之与坚，固然不相离，其无已矣。"
今按："石不相离"四字无义，据谢注，乃"坚白不相离"之误也。"循石"者，犹庄周、惠施辩于濠梁之上而曰"请循其本"也。公孙龙谓坚白乃不定之兼，而难者请循石而论，谓非坚白

诚无石，然非石则亦无所取乎坚白也。

　　曰："于石一也，坚白二也，而在于石。故有知
焉有不知焉，有见焉有不见焉；故知与不知相与离，
见与不见相与藏；藏故孰谓之不离？"⑪

⑪ 谢注："以手拊石，知坚不知白，故知与不知相与离也。以目
视石，见白不见坚，故见与不见相与藏也。坚藏于目而目不坚，谁谓
坚不藏乎？白离于手，不知于白，谁谓白不离乎？"
今按：于石则一，于坚白则二。见白焉而不知坚，拊坚焉而不
知白，故谓之"离"。非谓坚白之离于石，谓坚与白之相离也。
坚与白相离，故曰二。同谓之石，故曰一。

　　曰："目不能坚，手不能白，不可谓无坚，不可
谓无白。其异任也。其无以代也。坚白域于石，恶
乎离？"⑫

⑫ 谢注："目能视，手能操，目之与手所在各异，故曰：'其异
任也。'目有目，不能见于坚，不可以手代目之见坚。手有手，不能知
于白，亦不可以目代手之知白。故曰：'其无以代也。'坚白相域不相
离，安得谓之离？"
今按：难者仍谓白色坚质，同一石体，不能以吾人感官之异能
而谓坚白之不同域也。

曰:"坚未与石为坚而物兼,未与为坚而坚必坚,
其不坚石物而坚,天下未有若坚而坚藏。"⑬

⑬谢注:"坚者不独坚于石,而亦坚于万物。故曰'未与石为坚
而物兼'也。亦不与万物为坚,而固当自为坚,故曰'未与物为坚而
坚必坚'也。天下未有若此独立之坚而可见,然亦不可谓之为无坚,
故曰'而坚藏'也。"

今按:谢注此条下语甚精。"物莫非指",即"不坚石物而坚"
矣。"而指非指",即"天下未有若坚而坚藏"也。谢注谓"然
亦不可谓之为无坚",则犹似未达一间矣。以上论坚不域乎石。

"白固不能自白,恶能白石物乎? 若白者必白,
则不白物而白焉,黄黑与之然。"⑭

⑭谢注:"世无独立之兼乎? 亦无孤立之白矣。故曰:'白固不
能自白。'既不能自白,安能自白于石与物? 故曰'恶能白物乎?'若
使白者必能自白,则亦不待物而自白矣。岂坚白乎? 黄黑等色,亦皆
然也。"

章云:"公孙龙谓坚触在物未形成以前,而白色在物既形成以后。
欲求不可感触之坚,不得不说为坚藏,然则物未形成以前,何缘不可
有白藏邪?"(见章炳麟《齐物论释》)

今按:"固"如《周语》"固有之乎"之"固",与《中庸》"果
能此道矣"之"果"略相似,乃退一步说,谓白果不能自白,
则恶能白石物,非谓白真不能自白也。上节论坚乃自坚,此节

论白乃自白，要之坚白不域乎石也。

　　"石其无有，恶取坚白石乎？故离也。离也者因
　　是。力与知果不若因是。"

坚乃自坚，白乃自白，坚白，不域乎石，则石乃无有矣。石既
无有，更何取于坚白之石哉？坚白既不域乎石，则坚白固可离
也。"因是"者，因其当前之经验，拊坚则谓之坚，视白则谓之
白，如是以来者亦因是以往，一本乎自然之符。若是者，虽有
大力知巧果敢，所不若也。

　　且犹白以目〔见目〕⑮以火见，而火不见。则
　　火与目不见而神见。神不见而见离。

　　⑮孙云："《墨子·经说》下篇云：'智以目见，而目以火见，而
火不见。'此文亦当作：'且犹白以目见，目以火见，而火不见。'今本
脱'见目'二字，遂不可通。"
　　谢注："人谓目能见物，而目以因火见，是目不能见，由火乃得见
也。然火非见白之物，则目与火俱不见矣。……夫精神之见物也，必因
火以见，乃得见矣。火目犹且不能为见，安能与神而见乎？则神亦不能
见矣。推寻见者，竟不得其实，则不知见者谁也，故曰：'而见离。'"
今按：上论"石其无有，恶取坚白石，故离也"，是离之于所见
也。此云"火与目与神皆不见而见离"，则即就能见本体，分析
推寻，以见其不存，是离之于能见也。故内无见白之心，外无

146　　　　　　　　　　　　　　　　　　　　惠施公孙龙

域白之物，所有者惟此一见，惟此一白而已。惟此一白者，即因是之"是"也。

> 坚以手而手以捶，是捶与手知而不知，而神与
> 不知神乎，是之谓离焉。

上以"白"论，此以"坚"论也。坚以手知，而手以捶知，以目与火见之论例之，则手之与捶，知而不知也。神以手捶而知，则神与不知为神也，故曰"离"。见神知之不存也。

> 离也者，天下故独而正。⑯

⑯ 谢注："物物斯离，不相杂也。各各趋变，不相须也。不相须，故不假彼以成此。不相离，故不持此以乱彼。是以圣人即物而冥，即事而静。即事而静，故天下安存。即物而冥，故物皆得性。物皆得性，则彼我同亲；天下安存。则名实不存也。"
今按：内离"能知"，外离"所知"，惟存一"知"，故曰"独"也。"正"者，彼彼止于彼，此此止于此，泯内外，绝前后，如是而来者，因是而止也。义详下论。

名实论

> 天地与其所产焉，物也。物以物其所物，而不
> 过焉，实也。实以实其所实，不旷焉，位也。出其

所位，非位；位其所位焉，正也。

以其所正，正其所不正。〔以其所不正〕①，疑
其所正。

①胡云："马骕《绎史》本有'以其所不正'五字。今按《经说》
下云：'夫名以所知正所不知，不以所不知疑所明。'据此似当作'不
以其不正'。"（见胡氏《惠施公孙龙之哲学》。）

王云："陈本（按指陈澧）'以其所正'下，有'以其所不正'五
字，与马氏《绎史》正同。案本书谢希深注：'以正正于不正，则不正
者皆正。以不正乱于正，则众皆疑之。'似谢氏原本，有此一句，所
云：'以不正乱于正'，即指是言也。胡适之校此句，作'不以其不正'，
所据《墨经》原文，与此词句微别，仅以谊旨相连，为此疑似之说，
终不如马、陈二本之确。"

今按：王说是也。《墨经》上："正因以别道"，《经说》上：
"正，彼举然者以为此其然也，则举不然者而问之。"又《经》
下："正，类以行之，说在同。"《说》云："正，彼以此其
然也，说是其然也，我以此其不然也，疑是其然也，此然是
必然则俱为麋。"两条正与公孙此文一意，可相证。名家中
公孙龙一派持论，重"止"不重"推"，故曰："言多方殊
类。"彼举其然以为推，则我举其不然者以为正。正即止也，
然后可使位其所位而不过，此最正名之精义也。常识抚石之
坚则联想及于其白，视石之白则推论及于其坚。又以名相而
推及于本体，以一马而泛同于马马。名家皆举其不然者以正
之。故当时讥之曰："以反人为实，而以胜人为名。"（见《庄

　　　　　　　　　　　　　惠施公孙龙

子·天下篇》）以其好举人之不然者也。

其正者，正其所实也。正其所实者，正其名也。

物莫非指，故正其所实即是正其名。

其名正，则唯乎其彼此焉。谓彼而彼不唯乎彼，则彼谓不行；②谓此而此不唯乎此，则此谓不行。其以当不当也，不当而〔当〕③，乱也。

②梁云："'不唯乎彼'犹言'不限于彼'，'彼谓不行'，犹言'彼之名不行'。"（见梁启超《墨经校释》。下同。）
今按：《墨经·说》上："是名也，止于是实也。"又《墨经》上："彼不可两也。"皆唯乎其彼此也。即彼唯乎彼，此唯乎此也。
③俞云："不当而乱也，本作：'不当而当，乱也'，传写脱'当'字。下文云：'以当而当，正也'，两文相对。"
今按：《墨经》上："彼不可两也。"又云："辩，争彼也。辩胜，当也。"《说》："或谓之牛，或谓之非牛，是争彼也，是不俱当。不俱当，必或不当。"即与此文"当"字同义。

故彼彼当乎彼，则唯乎彼，其谓行彼；④此此当乎此，则唯乎此。其谓行此。其以当而当也。以当而当，正也。

④梁云："'彼彼'者，谓指彼为彼也。'其谓行彼'，犹言其名行于彼。"

今按：《墨经》下："正，类以行之。"又《经》上："正，因以别道。"道即行也，与此处"其谓行彼"之"行"同义。类与别，即此处所谓彼此也。此一称谓行乎此，彼一称谓行乎彼，即《庄子·齐物论》所谓之"两行"。

> 故彼彼止于彼，此此止于此，可。彼此而彼且
> 此，此彼而此且彼，不可。

"彼彼止于彼，此此止于此"，即上论所云"因是"，所云"独"也。"因是"之与"两行"同义。《经说》下："正名者彼此。彼此可，彼彼止于彼，此此止于此。彼此不可，彼且此也，此亦可彼。"此谓正名惟在别其彼此。彼止于彼，此止于此，则名正而可。若名之彼此，而彼且此焉，此且彼焉，则不正而不可也。

> 夫名，实谓也。知此之非此也，知此之不在此
> 也，（明）〔则〕不谓也⑤。知彼之非彼也，知彼之
> 不在彼也，则不谓也。

⑤俞云："此当作'知此之非此也，知此之不在此也，则不谓也。'下文云：'知彼之非彼也，知彼之不在彼也，则不谓也。'两文相对，可据以订正。"

今按：《经说》上："所以谓，名也；所谓，实也。"又《经》

　　　　　　　　　　　　惠施公孙龙

上："举，拟实也。"《说》："其以之名举彼实也。"《小取篇》：
"以名举实。"皆同。此"名实谓也"之义。"名""实"即犹
"指""物"也。

　　至矣哉！古之明王。审其名实，慎其所谓。至
矣哉！古之明王。

今按：龙之五论，归极于正名。正名之意，归极于古之明王。
法家循名责实，儒家曰："必也正名乎！"《大学》以修、齐、
治、平本之于"格物"；"格物"者，亦犹"物以物其所物而不
过焉"者也。故曰："知止而后有定。""为人父，止于慈；为
人子，止于孝"。儒家言"止至善"，即犹名家之言"正名"矣。
《大学》又曰："自天子至于庶人，一是皆以修身为本。"此犹
公孙龙所谓"离则天下独而正"也。《大学》出周末秦初，岂其
书亦有取于公孙龙之旨欤？后世儒者，尊《大学》为入德之门，
而斥公孙以诡辩，然双方思想实有相涉，不可诬也。

跡府① 附

　　①俞云："《楚辞·惜诵篇》：'言与行其可迹兮'，注曰：'所履为
迹。''跡'与'迹'同。下诸篇皆其言也，独此篇记公孙龙与孔穿相问
难，是实举一事，故谓之'跡'。""府"者"聚"也，言其事迹具此也。
　　王云："原文非龙自著，似由后人割裂群书，荟萃而成。"

公孙龙，六国时辩士也；疾名实之散乱，因资材之所长，为守白之论。②假物取譬，以守白辩。

②俞云："'守'之为言，执守也。执白以求马，是谓'守白'。"

王云："'白'之一字，指下文白马而言。执白而辩非马，故为'守白'一辞以标论旨。"

今按："守白"一辞，既不见于公孙书中，亦不为同时他家称引，当为造此《迹府》文者杜撰无疑。《汉志》有《公孙龙子》十四篇，在名家。《隋志》无公孙书，而有《守白论》一卷，入道家。《旧唐志》以下，公孙书重见著录。疑《守白论》即公孙龙书，造为《迹府》文者为之别题《守白论》，犹《老子》称《道德经》，《庄子》称《南华经》之类，自是魏晋以下人习气。《隋志》或揣名编录，未审内容，故不知即公孙书，又以《老子》有"知白守黑"之语，疑"守白"之论本此而出，遂以入之道家也。《迹府篇》载孔穿与公孙辩难，又见《孔丛子》。《迹府》作者或尚在《孔丛》伪书之后，固可出魏晋以下也。

又按：近人汪馥炎著《坚白盈离辩》谓："《公孙龙子》原名《守白论》，至唐人作注，始改今名。"则《汉志》已明称《公孙龙子》，岂得谓原名《守白》哉？

谓白马为非马也。白马为非马者，言白所以名色，言马所以名形也。色非形，形非色也。夫言色则形不当与，言形则色不宜从，今合以为物，非也。如求白马于厩中，无有，而有骊色之马，然不可以应有

　　　　　　　　　　　惠施公孙龙

白马也。不可以应有白马，则所求之马亡矣。亡则白马竟非马。欲推是辩以正名实，而化天下焉。③

③王云："白马非马之义，已详专篇，此章反数数及之，覆床叠架，于例未合。当系采诸他书，依文排列，并未计及后文应照与否也。"

龙与孔穿会赵平原君家。

按：孔穿与公孙龙相辩于平原君家，其事又见《吕氏春秋·淫辞篇》，殆为先秦故实。考其年时，当在公孙龙与邹衍相辩之前，详余著《诸子系年》。

穿曰："素闻先生高谊，愿为弟子久，但不取先生以白马为非马耳④。请去此术，则穿请为弟子。"龙曰﹒"先生之言悖。龙之所以为名者，乃以白马之论尔。今使龙去之，则无以教焉。且欲师之者，以智与学不如也。今使龙去之，此先教而后师之也。先教而后师之者悖。且白马非马，乃仲尼之所取。龙闻楚王张繁弱之弓，载忘归之矢，以射蛟兕于云梦之圃而丧其弓，左右请求之。王曰：'止！楚王遗弓，楚人得之，又何求乎？'仲尼闻之曰：'楚王仁义而未遂也，亦曰人亡弓，人得之而已，何必楚？'若此，仲尼异楚人于所谓人。夫是仲尼异楚人于所谓人，而非龙异白马于所谓马，悖。先生

公孙龙子新解　　　　　　　　　153

修儒术而非仲尼之所取；欲学，而使龙去所教；则虽百龙，固不能当前矣。"孔穿无以应焉。

④按：《孔丛子·公孙龙篇》作"白马为非白马"，误。

　　公孙龙，赵平原君之客也⑤，孔穿，孔子之叶也。穿与龙会。穿谓龙曰："臣居鲁，侧闻下风，高先生之智，说先生之行，愿受业之日久矣，乃今得见。然所不取于先生者，独不取先生之以白马为非马耳。请去白马非马之学，穿请为弟子。"公孙龙曰："先生之言悖。龙之学，以白马为非马者也。使龙去之，则龙无以教；无以教而乃学于龙也者，悖。且夫欲学于龙者，以智与学焉为不逮也。今教龙去白马非马，是先教而后师之也。先教而后师之，不可。先生之所以教龙者，似齐王之谓尹文也。⑥齐王之谓尹文曰：'寡人甚好士，以⑦齐国无士，何也？'尹文曰：'愿闻大王之所谓士者！'齐王无以应。尹文曰：'今有人于此，事君则忠，事亲则孝，交友则信，处乡则顺，有此四行，可谓士乎？'齐王曰：'善，此真吾所谓士也。'尹文曰：'王得此人，肯以为臣乎？'王曰：'所愿而不可得也。'是时齐王好勇，于是尹文曰：'使此人广庭大众之中，见侵侮而终不敢斗，王将以为臣乎？'王曰：'钜⑧士也，见侮而不斗，辱也。辱则寡人不以为臣矣。'尹文曰：'唯⑨见侮而不斗，未失其四行也。是人未失其四行，其所以为士也⑩。然而王一以为臣，一不以为臣，则向之所谓士者，乃非士乎？'齐王无以应。"

⑤王云："本篇开始，提书：'公孙龙，六国时辩士也'，中段又曰：'公孙龙，赵平原君之客也'，自著之书，无此语气。其对孔穿先教后师之语，上下重复，尤证非出一手。"

按：前节本袭取《孔丛》书，本节又嫌所取未尽，再为捃拾，故见复出也。

又按："去"字两节屡见，孔穿请公孙龙去其白马非马之论，公孙龙不肯去。造此文者遂为杜撰"守白"二字也。

⑥尹文事见《吕氏春秋·正名篇》，《孔丛·跡府》转相剽袭也。

又按：高诱注《吕氏》："尹文，齐人，作《名书》一篇，在公孙龙前，公孙龙称之。"《班志》亦云："尹文子先公孙龙。"考诸《班志》人例，盖亦据公孙龙书称述及丁尹文而云。今公孙书所传《白马》以下五篇，类以一词转辗而前，洁净精微，更无枝叶，不应有称引及于他人之辞。或者龙书亦如同时诸子，篇分内外，体有异同，其所逸诸篇与今传者不尽似耶？

⑦俞云："'以'字乃'如'字之误。"

今按：'以'与'而'通，《孔丛·公孙龙篇》正作"而齐国无士"，俞说误。

⑧孙云："'钜'与'讵'通，《荀子·正论篇》云：'是岂钜知见侮之为不辱哉！'杨注云：'钜与遽同。'此与《荀子》同。明刊本《子汇》本及钱本并作'讵'，疑校者所改。"

⑨俞云："'唯'当为'虽'，古书通用，说见王氏引之《经传释词》，《吕氏春秋·正名篇》正作'虽'。"

⑩俞云："'其所以为士也'上脱'是未失'三字，当据《吕氏春秋》补。"

　　尹文曰：⑪"今有人君，将理其国，人有非则非之，无非则亦非之，有功则赏之，无功则亦赏之，而怨人之不理也可乎？"齐王曰："不可。"尹文曰："臣窃观下吏之理齐，其方若此矣。"王曰："寡人理国，信若先生之言，人虽不理，寡人不敢怨也。意未至然与？"尹文曰："言之敢无说乎？王之令曰：'杀人者死，伤人者刑。'人有畏王之令者，见侮而终不敢斗，是全王之令也。而王曰：'见侮而不斗者，辱也。'谓之辱，非之也。无非而王〔辱〕〔非〕⑫之，故因除其籍不以为臣也。不以为臣者，罚之也。此无罪而王罚之也。且王辱不敢斗者，必荣敢斗者也。荣敢斗者，是〔之也，无是〕而王是之⑫，必以为臣矣。必以为臣者，赏之也。（彼）〔此〕无功而王赏之也。⑫王之所赏，吏之所诛也，上之所是，而法之所非也。赏罚是非，相与四谬⑬，虽十黄帝，不能理也。"齐王无以应焉。

⑪此下仍见《吕氏·正名篇》，《孔丛》并两节为一，此文仍析为二，而有袭《孔丛》处。

　　　　　　　　　　　　　　　　惠施公孙龙

⑫俞云："'荣敢斗者是而王是之'，当作'荣敢斗者是之也，无是而王是之'。'彼无功而王赏之'，当作'此无功而王赏之也'。如此则与上文相对矣。又按：上文'无非而王辱之'当作'无非而王非之'，与此文'无是而王是之'相对。"

⑬王云："'相与四谬'，犹云共为四谬，指上赏罚是非四者言也。"

今按：王说非也。"四"疑"回"字形误。回，违乱也。《孔丛子》作"曲谬"，疑亦当作"回谬"。

　　故龙以子之言有似齐王，子知难白马之非马，不知所以难之说，以此犹知好士之名，而不知察士之类。⑭

⑭俞云："齐王执勇以求士，止可以得勇士，而不可以得忠孝信顺之士。孔穿执白以求马，止可以得白马，而不可以得黄黑之马。故以为有似也。"

今按：士与勇士，人与楚人，马与白马，皆名词周延不周延之别。《孔丛》书尹文、仲尼两喻一贯而下，殊见紧切，此则冗沓无章。

公孙龙七说

《列子·仲尼篇》载公孙龙告魏王七说：

一、有意不心。

二、有指不至。

三、有物不尽。

四、有影不移。

五、发引千钧。

六、白马非马。

七、孤犊未尝有母。

今按：《列子》伪书，未可信，而此引七说，则陈义精卓，堪
与今传公孙龙"五论"之旨相发，殆非后人所能伪。又其先后
排列，皆有次第，可与惠施《历物》十句同为二人学说概括之
说明；伪为《列子》书者，盖有所袭取之也。其魏牟解义，如
"无意则心同"，"无指则皆至"，"尽物者常有"，及"孤犊未尝
有母，非孤犊也"四条，仅随文转语，未有确解。"影不移，说
在改也"则取之《墨经》，"白马非马，形名离也"则取之《公

　　　　　　　　　　　　　惠施公孙龙

孙龙子》之《白马论》;（"形名离也"疑系"形色离也"之讹，观注引《白马论》语自见。）而"发引千钧，势至等也"一条，实为袭取《墨经》而误其义。此亦伪为《列子》书者，自以己意解之，以足成其文耳，未足与语公孙龙学说之大体也。余故别为新释，发明其意，俾可与"五论"大旨相关贯焉。

一　有意不心

此从内心言。英人穆勒约翰云："凡吾心之所觉者，皆意也。""意者，心之觉，而非心之本体。人心于物，所谓知者，尽于觉意。至其本体，本无所知，亦无由知。心之本体，固亦物也。故虽为吾心，而吾之所知，不逾此绵绵若存之觉意。至于能思能感之内主者，则固不可思议也。"（严译穆勒《名学》部甲）公孙龙谓惟有觉意，更无心体，故曰"有意不心"也。

二　有指不至

此从外物言。穆勒云："指，物之表德也。""今有一物于此，视之泽然以黄，臭之郁然以香，抚之挛然以员，尝之滋然以甘者，吾知其为橘也。设去其泽然黄者，而无施以他色；夺其郁然香者，而无畀以他臭；毁其挛然员者，而无赋以他形；绝其滋然甘者，而无予以他味；举凡可以根尘接者皆褫之，而无被以其他；则是橘之所余留者，不等于无物耶？"（严译部甲）公孙龙谓惟有表象，更无质体，故曰："物莫非指"；既无质体，则表象无所指，故曰"有指不至"也。

上两条，从心物两面逼挼说来。见物体不可知，惟有表象；心体不可知，惟有觉意。而觉意之与表象，则同于一名。如坚之与白，谓之吾心之意觉也可，谓之外物之表象也无不可。然果何如而始为心与物乎？则天地万象，惟尽于名也。穆勒亦言之曰："自人心言之则为感，自物体言之则为德；然则是二名者，非其物之果有异也，特所从言之异路，设为二名，便言论耳。"（严译部甲）

三　有物不尽

此从空间之排列言。"物量无穷，分无常"（《庄子·秋水篇》语），《老子》云："致数舆无舆"（三十四章），《庄子》云："立百体而谓之马"（《则阳》），皆此意也。车有轮轴辕轭，马有尾足毛鬣，循是分析，则车马无有。车为器用，马乃牲畜，则舟车桥檋，同谓之"器"，马牛羊犬，同谓之"畜"，如是会合，则车马亦无有。故凡所称物，皆属不尽。名相言说，无当实体也。今依常识，确指外物而言，则一马尽于一马之体，一石尽于一石之体，无所谓"有物不尽"也。然若本心之意象而论则不然。在物之象，即在心之感。感必有所离，斯象不能尽。而凡属物名，皆本感象，故曰"有物不尽"也。

　　　　　　　　　　　　惠施公孙龙

四　有影不移

此从时间之连续言。"时无止，终始无故。"（《庄子·秋水篇》语）前影方灭，后影方生，人多认后影为前影。庄子所讥壑舟泽山，夜半有负而走著，昧者不识也。新吾与故吾异，而人谓之吾；旦南北与夕南北不同，而人谓之南北。名相不足以符大化，故白马谓之白，白石亦谓之白。坚石谓之坚，坚金亦谓之坚。而不知白与白相离，坚与坚不相域，则天下且无坚白，乌取坚白之石哉？故曰："物莫非指而指非指"也。然则凡所谓指德表象云者，实皆取异地异时相异之觉而赋之以同名耳，故"有影不移"，而"影"之名则移也。

上两条从时空两面逼拶说来，以明"名"之真际也。内不认有心，外不认有物，而谓一切惟属现象与感觉，而现象感觉则顷刻而变，随处而异，未可控抟，亦无绵延，各自分离，不相统属。则世间事物，复何有者？所有亦仅止于"名"耳。故后影非前影，而人一名之曰影；坚白相离，而人统名之曰石；此亦惟"名"也。人自类分其感觉之象而赋以各别之名，故曰四足兽，则牛马为一矣；曰牛马，则牛马为二矣。吾亦惟知吾名之为一名为二名耳，又乌论牛马之果为一物为二物耶？此公孙龙所以根据惟象惟意之说一转手而成其"正名"之论者也。

五　发引千钧

此承"有影不移"言，仍从"时间先后"以阐发"正名"之旨也。夫一发至脆也，千钧至重也，一发引千钧必绝。然引一时也，绝又一时也，不引则不绝矣。俗见发绝，谓发不能引千钧，而不知先引而后有绝也。如见人死，而谓人不能有生，不知人惟有生乃有死也。且人谓影移，此误认后影为前影也；人谓发不能引千钧，此误认前发（引时之发）为后发（绝时之发）也。此公孙龙从时间一面细为分析，以见"名"之当"离"不当混也。

六　白马非马

此承"有物不尽"言，仍从"空间之异同"以阐发"正名"之旨也。常人必谓白马乃马者，系确指外物一马而言，则白马固不能谓之非马，今公孙龙本其惟名之旨，不据外物实体立论，而从吾心感象发议，则白马乃非马矣。何者？我感四足行地之象曰"马"，又感玉雪莹洁之象曰"白"。"马"象之外，又增"白"象，故曰"白马非马"也。今仅曰"马"，则不尽"白"意，故人或以黄黑马应。并曰"白马"，又不尽"马"意，故人不敢以黄黑马应；故曰："有物不尽"也。此公孙龙从空间一面细为分析，以见"名"之当"离"不当混也。

上两条仍从时空两面逼拶说来，以一再阐明"正名"之义

　　　　　　　　　　　　　　　惠施公孙龙

也。《老子》曰："名可名，非常名。"（第一章）又曰："名亦既有，夫亦将知止。"（第三十二章）既不可以为常，即不可以为推。不可以为推，则名乃相离而成其独，此即止也。《公孙龙子·名实论》云："彼彼止于彼，此此止于此。"《坚白论》云："离也者，天下故独而正。"曰止、曰离、曰独，皆"正名"之要旨也。

七　孤犊未尝有母

此七说之结论，"正名"之总归也。上释六句，约得二义：

（一）心物本体不可说，可说者惟表象意觉。

（二）名代表表象意觉，表象意觉则常变，故正名功夫当求分析以离而止于独。

此则"名"之分析之极例也。若确据外物言，此犊今虽无母，往日必曾有母可知。此在名学，谓之缺憾之名。同时而涵二德，一曰本有，一曰今无。如言盲人，本乏见性者，不称盲也。而公孙龙则据名而论，谓既称孤犊，即未有母，方其有母，不称孤犊也。故苟曰孤犊，即是未尝有母矣。此公孙龙"正名"之例也。故惠施《历物》，着眼在大一小一，毕同毕异，而归宿于泛爱万物天地一体之论。公孙龙"七说"，主辨在心物感象，而归宿于正名审实各止其所之旨。则惠施显然犹是墨家面目，而公孙龙则离而渐远，乃纯粹为名学之讨究矣。要其渊源所自，同出墨派，则为不可诬耳。

今按：英人穆勒约翰著《名学》，总论宇内可名言者，而括为四纲：

（此即公孙龙所谓"意"。）
一曰意，（即心之所觉者是。）

┌ 感
│ 思 ── 物之所发见 ─┬ 量 （此即公孙龙所谓"指"。）
│ 情   ├ 德
└ 志 ── 为   └ 伦

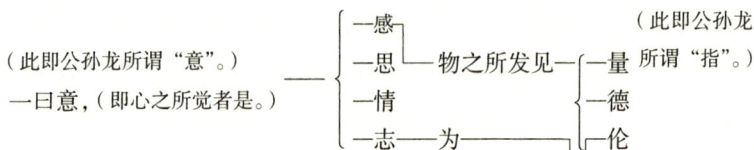

二曰神，意之内主。（此即公孙龙所谓"心"。）

三曰形，意之外因。（此即公孙龙所谓"物"，或亦可谓之"至"。）

四曰法。法推极言之，尽于二伦。一曰相似与不相似，（此即公孙龙所谓"有物不尽""白马非马"也。）二曰并有与不并有。（此即公孙龙所谓"有影不移""发引千钧"也。）（严译部甲）

余观公孙龙"七说"取径，与穆勒氏之书大似，亦一奇也。二人历数天下可名之物，皆归极于心、物、宇、宙之四端。而心物不可知，可知者惟意象。意象不可名，可名者皆其意象之或相似或相续，而不出于宇宙之两大法，此公孙龙与穆勒氏二人之所同也。循此以往，乃有其大异者，即穆勒氏认名为"物"之名，而公孙龙则认名为"意"之名是也。

穆勒氏书中，又有"论名乃物名非意之名"一节，其言曰："精而论之，名，物之名乎？抑意之名乎？自古今之公言常法观之，则名者固物名也。而理家或以为未尽，则以名为意之名，谓由物起意，由意得名，其为分虽微，而于名理之所系至重。郝伯思睿于名理者也，察其意，亦以后说为当。故其说曰：'方言之顷，言者所用之名，皆以名其意，而非以名其意所由起之物。盖方吾言石，其以石之音而得为块然一物之徽帜者，以人闻是音而知吾之意方在石也。闻名而知吾意，则名固意名也。'此其说固无可议。顾吾终从常说，而以名为物名者，亦自有说。如云日，是固天上之日之名，而非吾意中之日之名。盖名之于言也，非但使闻吾言者意吾意也，夫固将有所谓，而蕲其吾信也。信者信其事，而非信其意也。设吾曰：'日者所以为旦也'，此非曰以吾日意起旦之意也。夫固曰有天象焉，曰日行者，以是为因，而有旦昼之变现也。吾为前言，固以白其事实耳。则以名名物，为径为实；而以名名意，为迂为虚。此吾是书所用之名，所以终从常说以为物名，不从理家之说以为意名也。"（严译部甲）穆勒氏之言如此。

余尝细按诸吾国古名家之议论，而知公孙龙子之所持，盖亦谓"以名名意"，与郝伯思之见相似，而与穆勒氏之论适相反。惟其谓以名名意，故曰白马非马矣。其言曰："求马，黄黑马皆可致；求白马，黄黑马不可致。"又曰："马者，无去取于色，故黄黑皆所以应；白马者，有去取于色，黄黑马皆所以色去，故惟白马独可以应耳。"（《公孙龙子·白马论》）观彼所谓求应去取者，非指人之心意所至以为言耶？郝伯思所谓闻名而知吾意者，正公孙龙《白马论》最大之论据也。不徒《白马论》为然，凡公孙龙所持名理，悉以"以名名意"之一语贯之，则迎刃解矣。后之学者，不瞭此意，乃以名家所持之名乃物名之理绳之，则自见其扞格而不可通。不徒公孙龙为然，余观《墨经》持论，殆亦主名乃"名意"非"名物"者，故有"杀盗非杀人""爱女弟非爱美人"之辩。爰知吾国古代名家，率主"意名"之论，与西国逻辑正宗主"物名"论者不相同。

惟其主"名意""名物"之不同，故继此而更有甚异者，则对于"名"之使用之一问题之歧异是也。主意名者率主"止"，主物名论者率主"推"，此对于"名"之使用之观念之相左也。何以主意名则率主止？夫名既不为外物实事之名，而为吾心意觉之名，则名之涵义，将一视吾人之意境为转变，而无一定客观之界说可据矣。既无一定客观之界说可据，故用名者当致谨于其涵义之多变，而勿率然以为推证，此即《老子》"名亦既有，夫亦将知止"（第三十七章）之说。《墨子·小取篇》云："盗人，人也；多盗，非多人也，无盗非无人也。恶多盗非恶多人也，欲无盗非欲无人也。爱盗非爱人也，杀盗人非杀人也。"此均以证名之不足推也。故曰："辟侔援推之辞，行而异，转而危，远而失，流而离本，则不可不审也。不可常用也。故言，多方，殊类，异故，则不可偏观也。"公孙龙阐发此意至于极度，遂谓发引千钧，白马非马，孤犊未尝有母矣。其言虽怪，要言之，亦惟用名知止，使不至"行而异，转而危，远而失，流而离本"云耳。见发绝，而谓发不能引千钧，此犹可也；见人死，遂谓人不能有生，斯尽人知其不可矣。谓白马亦马，此犹可也；循而推之，谓多盗即多人，爱女弟即爱美人，斯又多见其不可矣。谓孤犊曾有母，此若未见其不可；然循而推之，则犊生必有母牛，驹生必有母马，因谓牛生牛，马生马，人生人，终古如是，则达尔文进化之论，终不见信于斯世。名家矫之，曰："犬可以为羊，马有卵，孤犊未尝有母"，教人以名之既有，亦将知止，不可妄为推证，使行而异，转而危，远而失，流而离其本。至物名论者则不然，穆勒氏之言曰："名学者，思

　　　　　　　　　　惠施公孙龙

诚之学也。则其所言，当主于推证，推证则名学之本事也。"
（严译部乙）故一主"推"，一主"止"，此吾古代名学与西国逻辑之学一重要之歧点。

公孙龙"五论"归结于《名实》，曰："名，实谓也；彼彼止于彼，此此止于此"，其"七说"归结于"孤犊未尝有母"，即彼彼止于彼，此此止于此之应用实例。此主"正名"主"止"者之成绩。穆勒氏谓："名学者，知言之学也。言必有名，欲知言，先正名，其事有不容已者。"又曰："名学者，求诚之学也。""诚妄之理，必词定而可分。所谓诚者非他，言与事合者也。所谓妄者非他，言与事爽者也。"（严译部甲）故西国之逻辑，不仅重在名，尤重在词，尤重在词之所以为推。不仅重在意之所以为知，而尤重在事之所以为信。于是而有联珠律令，于是而有内籀外籀之分，此主"析词"主"推"之成绩也。凡此皆吾古代名家与西国逻辑得失之所由判。近人论古名家言，率推比之于西欧之逻辑，而鲜有发明其异趣者。余为公孙龙"七说"解义，因附论之如此。别有《墨辩与逻辑》一文[①]，可参考。

---

① 原编者按：《墨辩与逻辑》一文，遍寻未见，俟考。

辩者言

《庄子·天下篇》载辩者言二十一事，谓辩者以此与惠施相应，又称桓团、公孙龙辩者之徒。则此二十一事者，固施、龙学说之支流与裔也。余既论施、龙学说大意，因并释二十一事备参证焉。二十一事者：

①卵有毛。

②鸡三足。

③郢有天下。

④犬可以为羊。

⑤马有卵。

⑥丁子有尾。

⑦火不热。

⑧山出口。

⑨轮不辗地。

⑩目不见。

⑪指不至，至不绝。

　　　　　　　　　　　　　惠施公孙龙

⑫ 龟长于蛇。

⑬ 矩不方，规不可以为圆。

⑭ 凿不围枘。

⑮ 飞鸟之影未尝动也。

⑯ 镞矢之疾，而有不行不止之时。

⑰ 狗非犬。

⑱ 黄马骊牛三。

⑲ 白狗黑。

⑳ 孤驹未尝有母。

㉑ 一尺之棰，日取其半，万世不竭。

余论施、龙学说，不越下列四端，而此二十一事，胥得分附以资证论。

（一）天地事物，可以析至毕异之小一。

（二）天地事物，可以总为毕同之大一。

此患施《历物》十句所以证明其天地一体之说者也；

（三）天地事物，尽于吾心之觉意与外物之表象，而所谓心物之本体则不可知。

（四）名字言说，取以表意相晓，贵在即喻而止。用相推证，则流转而多失。

此公孙龙"五论""七说"所持以为正名审实之辩者也。今传辩者二十一事，则此四纲以下之散目也。试为分列而略论之如次：

（一）论小一毕异

一尺之棰，日取其半，万世不竭。

司马云："棰，杖也。若其可析，则常有两；若其不可析，其一常存。故曰万世不竭。"（《庄子释文》引，下同。）

今按：此"小一"之说也。

      矩不方，规不可以为圆。

胡适云："此从个体自相上着想，一规不能画同样之两圆，一矩不能画同样之两方，一模不能铸同样之两钱也。"（《惠施公孙龙之哲学》，下同。）

今按：规矩，物质实体，方圆乃意象，凡物质实体皆不与意象相符也。

      凿不围枘。

胡适云："同上意。"

今按：此"毕异"之说也。

      龟长于蛇。

俞樾云："此即莫大于秋毫之末而太山为小之意。"（《诸子平议》）

今按：《墨子·经》下："异类不比，说在量。"《经说》下："木与夜孰长？智与粟孰多？"此言凡事物之殊类者，不能持以相较也。以万物之毕异绳之，则庄生《齐物》所以主"和以天倪"，"因是"而已也。今将明此妙理，遣彼俗滞，故矫为奇论，言太山为小，秋毫为大；龟为长而蛇为短也。

白狗黑。

成玄英云："夫名谓不实，形色皆空，欲反执情，故指白为黑也。"（《庄子疏》，下同。）

今按：长短相较，黑白相形。白狗之白，视之白雪之白，则白犹为黑矣。凡云龟长蛇短，白狗黑者，皆以明万物毕异，因宜立名，无定制也。

以上五条，皆从"空间"分析，以见"小一毕异"之旨。

飞鸟之影未尝动也。

"匕说"云："有影不移。"《墨子·经》下云："景不徙，说在改为。"《经说》下云："景，光至景亡，若在，尽古息。"胡适云："息，止息也，如看活动写真，虽见人物生动，其实都是片片不动之影片也。影已改为，前影只在原处，故曰尽古息。"

今按：此亦毕异之说也，惟改从时间言之。常识认为同此一影，其实乃诸异影，刻刻改换，非一影也。

镞矢之疾，而有不行不止之时。

司马云："形分止，势分行。形分明者行迟，势分明者行疾。"

今按：《墨子·经》上："止，以久也"，《说》上："无久之不止，当牛非马，若矢过楹。有久之不止，当马非马，若人过梁。"此谓矢过楹，人过梁，同一自彼至此之行动，而常识认矢过楹为不止，人过梁则认为止。（说详余著《墨辩探源》）[1] 如见发引千钧而绝，便谓发不能引千钧；见人生一世而死，即不谓人无生；亦由一久一暂。其实久暂无分，皆久也。长宙之间，孰为暂而孰为久？故镞矢之疾，可以谓之不行，又可以谓之不止也。谓矢不止，人尽知之；谓矢不行，人所不知。良以矢之所经，即矢之所止。以势而言则行，以形而言则止也。此视鸟影一喻，尤较入细，要以见小一毕异之旨也。

　　轮不辗地。

成玄英云："夫车之运动，轮转不停。前迹已过，后涂未至，除却前后，更无辗时。是以轮虽运行，竟不辗于地也。"

　　今按：此与飞矢不行同理。希猎哲人徐诺，设谓亚克列斯神逐龟而走，神速十倍于龟。龟前千尺。神千之，龟百之，则神龟之距百尺。神百之，龟十之，则神龟之距十尺。循是以往，神驰终古，不能及龟。亦由分析时间达于极微，故有此说。成疏谓前迹已过，后涂未至，若除却此"前后"一观念，则车常止而未辗。此即分析时间至于极微以为言也。

　　以上三条皆从"时间"分析，可见"小一毕异"之旨。

郢有天下。

今按：此亦秋毫太山之喻也。郭象云："夫以形相对，则太山大于秋毫也。若各据其性分，物冥其极，则形大未为有余，形小不为不足。若以性足为大，则天下之足，未有过于秋毫也。秋毫为大，则天下无小也。万物之得，又何不一哉！"（《庄子·齐物论》注）此即《墨子·经》下"偏去莫加少"，《经说》下"俱一无变"之说也。（说详《墨辩探源》）此由小一而转见其为毕同也。郢有天下，犹后世云"一物一太极"矣。

惠施《历物》，本从"大一""小一"两面分说，而公孙龙正名，则似偏重小一之毕异，于大一之毕同，少所阐发。今考辩者言，亦多论小一，不及大一，此可以见学说流变之趋向。

（二）论大一毕同（缺）

（三）论心物本体不可知

火不热。

司马云："一云：犹金木加于人，有楚痛。楚痛发于人，而金木非楚痛也。如处火之鸟，火生之虫，则火不热也。"此证物本体不可知。

目不见。

《墨子·经说》下云："知以目见，而目以火见，而火不见。"《公孙龙子·坚白论》云："白以目见，目以火见，而火不见。则火与目不见而神见。"目有时无火则不见，此目不见之说也。目既不见，必待神见，神又何从而见？若神必待目而见，则神亦无见。然人生确有此见，故《坚白论》又云："神不见而见离。"待神见，此见即离诸待而独立也。此证心本体不可识。

　　鸡三足。

司马云："鸡两足，所以行而非动也。故行由足发，动由神御。今鸡虽两足，须神而行，故曰三足也。"鸡两足，必兼一神，乃能动，故云三。惟公孙龙"七说"有云："有意不心，有指不至。"辩者持论大体与龙一致，何以转认有神？《坚白论》亦云："火与目不见而神见，神不见而见离"；又曰："捶与手知而不知，而神与不知神乎？"是公孙龙固不认为神有知也。不认神有知，岂认神为有行哉？知者，内非神知，外非物知，目知、火知、手知、捶知，知乃离外内而止于独。此当时辩者，公孙龙之徒，打破心物本体而独持正名之见解也。云"目不见"，"火不热"者，正为破常识心物本体之论而发，岂得于"鸡三足"一条而转持有神之辩哉？故知司马所解，与公孙龙"五论""七说"之旨皆不合，非本意。《公孙龙子·通变论》云："谓鸡足一，数足二，二而一故三。谓牛羊足一，数足四，四而一故五。牛羊足五，鸡足三。"此"鸡三足"之正解也。鸡足数之则二，而二足同一象曰鸡足。故一为象，一为数；象则一，数乃二。二与一为三，故曰"鸡足三"。

　　黄马骊牛三。

司马云："牛马以二为三，曰牛曰马曰牛马，形之三也。曰黄曰骊曰黄骊，色之三也。曰黄马曰骊牛曰黄马骊牛，形与色为三也。故曰一与言为二，二与一为三也。"（《庄子·天下篇·释文》引）又云："牛马以二为三，兼与别也。"（《文选》刘孝标《广绝交论注引》）

　　今按：此亦据意象言，若实据物，则黄马骊牛为二，如鸡足之为二矣。今言"黄马骊牛三"者，牛为一象，马为一象，而牛马相处，相互有类似之点，又别为一象。故牛马虽二物，而在我之意象中，则非二而三也。今表其图如下：

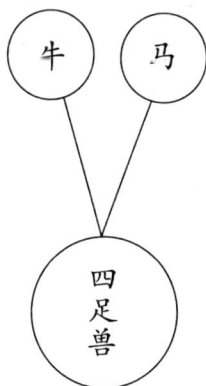

若以甲代牛，以乙代马，以丙代牛马之相似，则吾人同时见甲乙二物者，必连带见此二物之相似之象丙。今再表其图如下：

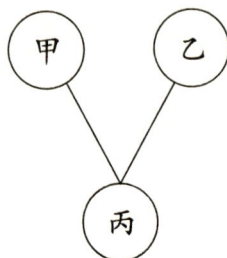

或如下图：

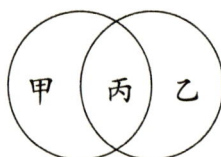

黄色骊色为三，亦可以同理释之。司马云"兼与别"者，黄色与骊色别，又兼有一两色相类似之象。近代心理学有名"知觉之类化性"者，或称"统觉"，本指根据旧经验以解释新经验之一种心理，乃专言知觉之先后继起。公孙龙及同时辩者所主之"鸡三足""黄马骊牛三"诸论点，则说明吾人心理上同时见相异之二物而发生之一种类化之统觉也。

《公孙龙子·通变论》有"羊不二牛不二而羊牛二"之说，以图表之则如下：

$$(-)\qquad\qquad(二)$$

羊为一象，牛为一象，故曰："羊不二，牛不二"也。今若同时见羊牛二物，则以人心有类化统觉之能，自能将相别之两觉，统摄为一共同之意象。其象维何？自其较粗之点言之，则羊牛同为四足兽，而见其非鸡，以鸡只两足也。自其较细之点言之，则羊牛同为有角兽而见其非马，以马无角也。当此之时，见羊牛者，既可分别定其为羊为牛，而又可得其相互间之通象，或注意其皆四足而知其非鸡，或注意其有角而知其非马；则羊牛两别象，俱没入一四足或有角之通象中，故羊与牛乃可合计其"别象"与"通象"而为二也。使无通象可言，如一人与一夜，决不得合言为二。故羊牛之为二，乃加羊牛间之通象而言。则鸡足之为二，亦据鸡足之通象而言可知。鸡足本各为一象，又兼其相互间之通象，则成鸡足三。羊牛各为一象，又兼其四足有角之通象，乃为羊牛三。《公孙龙子·通变论》言"羊合牛

非鸡，牛合羊非马"；又言"青以白非黄，白以青非碧"；正与
"鸡三足""黄马骊牛三"诸论，出于一贯。

　　狗非犬。

《墨子·经》下："狗，犬也，而杀狗非杀犬也可，说在重。"
《经说》下："狗，犬也，而杀狗谓之杀犬，不可。若两朒。"又
《经》下："知狗而自谓不知犬，过也，说在重。"《说》下："知
狗者重知犬则过，不重，则不过。"据此，则"狗非犬"一语，
亦当时辩者惯引之论题也。云"重"者，《经说》上云："二名
一实，重同也。""重"乃累增之意。凡怀孕皆曰"重"，如重身
重马。故凡甲含乙内皆曰"重"。《尔雅·释畜》："犬未成豪曰
狗。"今依西方逻辑惯例，则狗犬关系当如下图：

狗为犬之一种，则狗之一名可包容于犬之一名之范围以内。然
据公孙龙及当时辩者之见解则不然。当别作如下图：

　　　　　　　　　　　　　　　　惠施公孙龙

此图与上图异者，上图"犬未成豪"一语，乃为表狗与犬之关系。下图"犬未成豪"一语，乃表"狗"之一名之涵义。故自上图观之，狗为一实，犬为别一实，而犬之范围较狗之范围为广，此西方逻辑术之所持也。自下图观之，则"犬"为一名，"犬而未成豪"为又一名，两名累增，并成一实曰"狗"。故曰"二名一实为重同"。谓名虽孕重，实则同一也。此吾国古名家之说也。论其根据，则亦本于意象。辩者正名，一以意象为主。今曰犬，吾心中仅有一犬之意象，固也。若不曰犬而特指曰狗，则不徒为犬，而又为犬之未成豪者。此在言者之意，于"犬"象之外，又增一"未成豪"之象也。西方逻辑论名，有"内函""外举"之别。内函愈小，则外举愈大；外举愈小，则内函愈大。如下图：

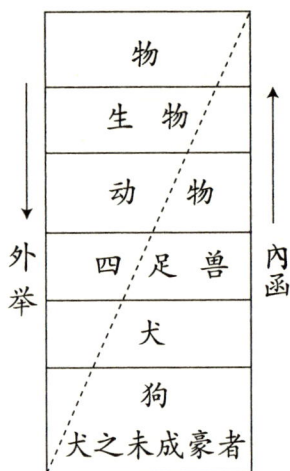

依外举言之，则犬大于狗，狗不可谓非犬。依内函言之，则狗大于犬，狗固明为非犬。西方逻辑重外举，重推证，故有连珠之体。如云：

狗，犬也。

犬为四足兽，

故狗亦为四足兽。

此推而是者也。我国古代名家论名重内函，重内而不推，故有"因是""齐物"之论。如云：

狗，犬也。犬有豪，故狗亦有豪。

此推而失之矣。"狗之一名，内函未成豪"一义，为"犬"名所无，固不可以"犬"名推。我国古代名家重意象，重主观，故论名重内函，而斥推证，此与西方逻辑取径不同，为用亦各有通窒，各有根据，各成系统。后人不辨，一切以西方连珠之律

　　　　　　　　　　　　　惠施公孙龙

令绳之，讥中国古名家为诡辩，诋之为不通，是轻诬古人也。《公孙龙子》有《白马论》，云："白马非马"，亦此意。

以上三条，皆据心物本体不可知之意进一层言之，见名字言说之悉本于意象也。

指不至，至不绝。

司马云："夫指之取物，不能自至，要假物故至也。然假物由指，不绝也。"

今按：司马之说，未当原意。然据其注语，知《庄子》原文本作"指不至不绝"，今本衍一"至"字。公孙龙"七说"亦有"指不至"一条。"指"者，物之表象；"指不至"者，人所知见仅限于物之表象，不能至物之本体也。故《指物论》云："物莫非指"，即此意。"指不绝"者，舍表象则无所知见，故人不能离绝表象以为知见。《指物论》云："天下无指，物无可以谓物"，即此意。

此一条正言万物知见，在我惟意象，在外惟表德，无心物本体可言也。

（四）论名言推证多失

山出口。

成玄英云："山本无名，名出自人口。在山既尔，万法皆然也。"

今按：当时辩者，既认心物本体不可知，则凡属名言，皆出人为，更无客观之实在可知。故《庄子》云："立百体而谓之马"（《则阳篇》语），此不认有马体也。山出口，亦不认有山体。山之与马，同是一名耳。《庄子》云："藏山于泽，夜半有负之而趋者，昧者不知也。"（《大宗师篇》语）此谓山体朝夕变，更无一定，而人自名之曰山，故曰"山出口"也。

　　孤驹未尝有母。

李云："驹生有母，言孤则无母，'孤'称立则'母'名去也。"（《释文》引）

　　今按：此条骤视殆如诡辩，然苟熟审古代名家持论大体，则知此辩正复有据。古名家巨擘，自推惠施、公孙龙二人。其立说虽有不同，而其不认常识之所谓物体者则同。故惠施从"大一""小一"以证天地万物之一体，则不啻谓天地万物惟名无实也。而公孙龙以"有意不心""有指不至"证心物之皆虚。心物既虚，则在我惟意象，在物惟表德，而更无客观实体之存在矣。既不认有客观实体之存在，则驹且无有，何论推之驹母？今立于百体而谓之驹，又兼增以"无母"之义而称之曰孤驹，其为无母，无可辩矣。常识实认有外物存在，则必曰孤驹曾有母，辩者一本意象表德为言，则孤驹不能有母也。今立图如次：

　　　　　　　　　　　　　　　惠施公孙龙

"驹"是幼马之称,"孤"乃无母之词,今以一物而兼二义,则此物之决为无母无辩。

马有卵。

马为胎生,无卵可知,而云"有卵",此非正言实认为有,乃欲破执遣滞,故为假论,以资反折也。与泰山秋毫之喻,实同一例。何者?人情每好据现在以推既往,如见孤驹,则谓此尝有母。不知母复有母,谁是其始?故曰:"万物有乎生而莫见其根,有乎出而莫见其门","睹道之人,不随其所废,不原其所起,此议之所止。"(均出《庄子·则阳》)若必循例为推,则不徒孤驹有母,禽鸟之生,皆由卵化,岂可谓马之复有卵耶?后人不察,谓辩者实认马为有卵,是无异谓庄生实见泰山为至小也。且"胎"与"卵"皆是一名,名必各有所止。不知止而为推,则马胎在腹,亦可谓之卵。鸡卵出腹,亦可谓之胎。故知辩者此论,乃为破不为立也。

卵有毛。

司马云："胎卵之生，必有毛羽。鸡伏鹄卵，卵不为鸡，则生类于鹄也。毛气成毛，羽气成羽，虽胎卵未生，而毛羽之性已著矣。故曰卵有毛也。"（据《荀子·不苟篇》杨倞注引。较《释文》为略。）鸡有毛，鹄有羽。鸡伏鸡卵则生有毛之鸡，伏鹄卵则生有羽之鹄，则毛羽之别已先存于卵矣。然卵诚有毛乎？此与马有卵之辨同。若必相推，则无是处矣。故辩者遂以立其"孤驹未尝有母"之论。此公孙龙所谓：是仲尼异楚人于所谓人，而非龙异白马于所谓马者悖也。

犬可以为羊。

司马云："名以名物，而非物也。犬羊之名，非犬羊也。非羊可以名为羊，则犬可以名羊。郑人谓玉未理者曰璞，周人为鼠腊者亦曰璞，故形在于物，名在于人。"如司马说，此条仍与前两条同义，皆以为破，非为立也。

丁子有尾。

成玄英云："楚人呼虾蟆为丁子。"

今按：此条亦与前三条同义。皆率意为推，故作怪奇之谈以显其不然。胡适谓庄子云："万物以不同形相禅"（《寓言》），故曰犬可以为羊，又云丁子有尾，自系当时一种生物进化论，此释实不然。（胡氏说见《中国哲学史大纲》上卷）万物以不同形相禅，即鼠肝虫臂臭腐神奇之说耳，此谓万物乃一气之变，非有先后进化之意也。《庄子》云："人皆尊其知之所知，而莫知恃其知之所不知而后知。"（《则阳》）又曰："知止其所不知，至矣。"（《齐物论》）以辩者持论之全体观之，此皆反喻激辩，以戒人之止于其所不知也。

以上六条，皆正名知止，以见草率为推证之非，而要本于名之无客观之实在性。

统观辩者持论，不出三点：（一）万物毕异，则宇宙可谓无物。（二）名属意象，则名言实为不实。（三）名不可推，则知无所用。虽亦言之成理，持之有故，而义归破坏，无所建立，又不堪推扩运用，则宜其不能服人之心也。然考其来历，自有本源。组织精密，亦有条理。后人概以诡辩目之，因亦不复究其体统大意之所在，而以割裂离奇之说为之解，未免于轻诬古人。至近人又以西方逻辑及生物进化论诸说相拟，则亦貌合神离，终难逃于"郢书而燕说"之诮也。余兹所解，自谓通观大体，较得古人之真相。因附诸施、龙学说之后，俾有志揅讨古代名学之君子，论定其究竟焉。

名墨訾应辨

　　余既论究惠施、公孙龙学说，定其为墨家，然近人方有"名、墨訾应"之论，以名家与墨说为相訾，谓施、龙非墨徒，则不可以无辨。

　　《荀子·正名篇》："见侮不辱，圣人不爱己，杀盗非杀人也，此惑于用名以乱名者也。山渊平，情欲寡，刍豢不加甘，大钟不加乐，此惑于用实以乱名者也。非而谒楹，有牛马非马也，此惑于用名以乱实者也。"

　　今按："见侮不辱"，"人情欲寡"，皆宋牼之说也。"圣人不爱己"，本《墨子》。《大取篇》云："爱人不外己，己在所爱之中。己在所爱，爱加于己，伦列之爱己，爱人也。""圣人不爱己"语即本此。（孙诒让《间诂》即取《荀子》语注此，是也。《札迻》亦同。）"杀盗非杀人"出《小取篇》。"刍豢不加甘，大钟不加乐"，即人之情欲寡也。以上皆墨家之论。"山渊平"，乃惠施语。《荀子·不苟篇》云："山渊平，天地比，齐秦袭，入乎耳，出乎口，钩有须，卵有毛，是说之难持者也，而

　　　　　　　　　　　　　惠施公孙龙

惠施、邓析能之。"是其证。惠施《历物》，谓天与地卑，即"天地比"也。又云"山与泽平"，即"山渊平"也。其说自与墨家平等兼爱之旨相发。故宋钘、尹文，作为华山之冠以自表，郭象云："华山上下均平"（《庄子·天下篇》注），亦即表其平等兼爱之义也。"非而谒楹"，"有牛马非马"，自来不得其解。孙诒让引《墨经》下云："牛马之非牛与可之同，说在兼。"《经说》下云："牛马，牛也，未可。则或可或不可。而曰牛马牛也未可，亦不可。且牛不二，马不二，而牛马二，则牛不非牛，马不非马，而牛马非牛非马，无难。"（见《间诂》及《札迻》。）

今按：孙氏寻其说于《墨经》是也。"非而谒楹"语，亦出《墨经》。《经说》上云："止，无久之不止，当牛非马，若矢过楹。有久之不止，当马非马，若人过梁。""非而谒楹"疑乃"飞矢过楹"之误。"非""飞"古字通。"矢"与"而"，"谒"与"过"，皆以形似而讹。（篆文"矢"与"而"形似）"有牛马非马"，即指本条"当牛非马""当马非马"而言。荀子此文，题为"正名"，而所举均属墨说，此名即为墨之证一也。以惠施言与墨、宋之说杂举错列，是名即为墨之证二也。近人造为名、墨相訾之论者，未考之此耳。

且为名、墨相訾之论者，其说本于《庄子·天下篇》。其辞曰：

> 相里勤之弟子，五侯之徒，南方之墨者，苦获、已齿、邓陵子之属，俱诵《墨经》，而倍谲不同，相谓"别墨"，以坚白同异之辩相訾，以觭偶不仵之辞相应，以巨子为圣人，皆愿为之尸，冀得为其后世，

至今不决。

据文义论之，相谓"别墨"者，谓以"别墨"相诮，言非墨家之正统也。（梁氏《墨经校释》有此说）故虽相訾警，而俱诵《墨经》，则所尊奉者一也。谓"以坚白同异之辩相訾，以觭偶不仵之辞相应"，则知凡持坚白之辩，觭偶之辞者，皆出于墨，不得别分持坚白之论者为名家，而訾之者乃为墨家也。谓"以巨子为圣人，皆愿为之尸，冀得为其后世，至今不决"，此如南能北秀争衣钵传统，本系一家之事，更不得谓名家冀夺墨家之巨子而篡其后世也。故谓墨家议论自有其前后之出入分歧则可；谓墨家之后流而为名家，亦无不可；谓墨家与名家相訾则不可。

且"名家"之称始于汉，先秦无是号也。《艺文志·名家》，首列《邓析》，伪书不足凭，（余别有辨）。次列《尹文子》，刘向云："与宋钘俱游稷下。"今其书传者，亦出后人伪托，未可信。然观《庄子·天下篇》，以宋钘、尹文并举，其学以禁攻寝兵为外，以情欲寡浅为内，是显系墨家后裔。禁攻寝兵者，墨、禽之遗教。情欲寡浅者，宋、尹之新说也。荀子《非十二子篇》以墨翟、宋钘并称，则可证宋钘、尹文之为墨徒矣。尹文为墨徒，而其书入名家，岂不足为"名源于墨"之的证乎？（《汉志》名家自尹文、惠施、公孙龙、毛公外，尚有成公生、黄公皆秦时人，疑亦墨氏之后起也。）墨学本尚苦行，继则济之以文辩，施、龙则文辩之尤著而忘其苦行者也。一学派之随世推移，如儒之自孔而孟而荀，荀、孟之间，亦有异同，固不得谓荀之非儒，则于施、龙为墨徒之说，独又何疑耶？

　　　　　　　　　　　　　惠施公孙龙

再辨名墨訾应

名、墨訾应之论，唱自章士钊，余既为文辨之。越两月，得读其《章氏墨学》及《揣籥录》，再略引驳正如次。

章氏云："考墨子兼爱大义，最为当时所误解。如孟子诋之为无君，荀子非之为不足以容辨异，县君臣（《非十二子篇》），皆是也。惠施起而和之，谓墨义如此其僈差等，然则天与地卑，山与泽平亦可也。"（《章氏墨学》，见《甲寅》一卷二十三号。）

夫"天与地卑"，"山与泽平"，明为墨氏无差等之言论，章氏亦知之，乃不谓惠、墨同义，因谓惠以讥墨。不知此出《庄子·天下篇》，明标为惠子自唱之说，非惠子持以讥人之说也。（参读上文引《荀子·不苟篇》论惠施语。）今谓惠子持此以讥墨，则《天下篇》所谓"泛爱万物，天地一体"者，亦为惠子讥墨之说可乎？且既谓惠子持此讥墨，又谓墨家辩之云云，而遂谓孟、荀之诋评为误解，其辗转弥缝，支离欠强，尽人可见，而章氏不自觉者，皆由其先认"名、墨相訾"之一成念误之也。

章氏又云："《史记·礼书》：'礼之貌诚深矣，坚白同异之察，入焉而弱。'按：儒家言礼，辨贵贱，有差等，与墨家言兼爱根本相反。古者名、墨之说不同，有时立义适相背驰，如坚白同异为名家言，即针对墨义而发者也，论者不暇深考，每混而同之，此处似以坚白同异之察代墨子兼爱之本说，可见从古论思之不密也。"（章氏《揣籥录》，见《甲寅》一卷三十二号。）

　　今按：《史记》之文袭自《荀子·礼论篇》。此以坚白同异代墨子兼爱之本说，章氏既知之，而顾谓古者名、墨之说不同，坚白同异为名家针对墨义而发，论者不深考而混同之，可见从古论思之不密。噫！何其持论之悍也！夫荀卿为先秦大师，其持论皆有根柢，其辟墨尤有精诣。惠施之卒，去荀卿不远；公孙龙则与荀同时；既施、龙之说，与墨背驰，又谓惠施和孟、荀以难墨。（见上引）岂有荀子不知，而顾混而同之之理？其论思之不密，当不如是其甚。章氏生二千年后，尚论古人遗意，不明据当时确切可信之说，而转曰"此古人之误，此其论思之不密"，古人既不复起，则亦乌往而不可为说者！若苟有平心之士，即观于荀子此文，当已不难翻然深信于我名、墨同源之论而不复疑也。

　　　　　　　　　　　　　　　　　　　惠施公孙龙

坚白盈离辨驳议

　　近人栾调甫唱坚白盈离之辨（见《哲学》第七期栾著《读梁任公墨经校释》），谓古人论坚白者有盈宗，有离宗。墨主盈，杨主离；惠主盈，公孙主离。其言辨之若明析，而按之实无根。一时研墨之士，颇相称引，亦不可以不辞而辟也。《庄子·天地篇》："夫子问于老聃曰：辩者有言曰'离坚白若县寓。'"栾氏据之曰："坚白之辩，孔子时已有之，是为离宗，墨子起而反之唱盈宗。"此不识学术流变者之言也。此不辨古书真伪者之言也。庄子寓言，何可尽据？《天地篇》益晚出，不足为典要。孔子时无老聃，更何论坚白之辩？《庄子·骈拇》又有之曰："骈于辩者，累瓦结绳，窜句游心于坚白同异之间而敝跬誉无用之言，非乎，而杨墨是已。"栾氏又据之曰："杨氏出，本离宗，与墨者盈宗为辩。"此又不明文理者之言也。不习考订者之言也。夫杨氏为我，则闻之矣。杨朱离坚白，未之前闻。此所谓杨、墨者，犹孟子称"禹、稷当平世，三过其门而不入"（《离娄下》），是禹事，非稷事，辩坚白者乃墨徒，与杨无涉也。庄子《齐物论》又有之曰："非所明而明之，以坚白之昧终。"《德充符》又言之曰："天选子之形，子以坚白鸣。"皆以言惠施。栾氏又据之曰："庄子称惠施辩坚白，不称其离坚白，则惠施亦盈宗。"嗟乎！栾氏之妄若是。今考之惠施之历物，曰："万物毕同毕异。"此一人而为异说也。又考之《墨经》，曰："无坚得白。必相盈也。"（《经说》下）又曰："见不见离，一二不相盈，广修坚白。"此一书而为异说也。则固孰为盈而孰为离者耶？彼以此其然也，则我以此其不然者正之，此辩者之道也。且言多方殊类异故，则不可偏观也。谓辩者之言坚白，有"盈""离"两义，此可也。谓盈之与离，有所然，有所不然，此亦可也。谓盈之与离其义相反而相成，此亦未始不可也。若栾氏之说，则未见其可焉。

　　　　　　　　　　　　　　　　惠施公孙龙